共働き子育て入門

普光院亜紀
Fukouin Aki

a pilot of wisdom

目次

はじめに——9

第一章　共働き子育ての時代がやってきた——15

第二章　共働き子育ての、こんなところが不安——43

はじめに

共働き子育ては不安ですか

保育園育ちの娘が小学校の高学年になったとき、お友だちのお母さんから、
「お母さん、働いていらっしゃるのに、お子さん、しっかり育ってますね」
と言われて違和感を覚えたことがあります。保育園から学童保育、そして子どもだけでの留守番……母親が家にいない暮らしは、周囲の目に危うく映っていたのでしょう。

確かに、共働きの子育てには、いろいろな不安材料があります。専業主婦の母親から見れば、平日の大半を親子が離れ離れで過ごしている子育てに「本当にいいのか」と疑問を感じるかもしれません。

働く母親自身も、子どもにしてやりたいことが十分にできなかったとき、仕事のために子どもにがまんをさせなくてはならなかったとき、こんな生活でいいんだろうか、と落ち込んだり、

反省することは少なくありません。

共働きの子育ては山あり谷あり。でも、長い目で見ると、専業主婦家庭にもリスクや乗り越えなくてはならない問題は同じくらいあるし、共働き家庭が保育園というサポーターを得て子育てできることのメリットも、たくさんあります。

共働き家庭と専業主婦家庭の暮らし方・子育てには、それぞれ違ったメリット・デメリットがあります。どちらがいい悪いというのではなく、それぞれの家庭の選択の問題です。

「生活防衛」としての共働きがふえている

選択の問題と書きましたが、実は私たちはそれほど自由ではないのかもしれません。ここ数年で、世の中の状況はずいぶん変わってきました。

本書を手に取った方の中には、「女性だからといって子育てのために好きな仕事を断念するのは納得がいかない」「家庭に入ったけれど生活が物足りない。自分らしく生きたい」という思いから「共働き子育て」を選ぼうとしている人もいるでしょう。一方で、「二人で働いたほうが家計が安定する」という現実的な判断から関心をもった人も少なくないと思います。

このうち、後者の判断は、これからどんどんふえてきそうです。この世の中、豊かさがあふれているように見えますが、その裏で倒産やリストラが相次ぎ、多くの家庭が家計の不安にさらされています。完全失業率は五％を超え、「二〇人に一人が失業する時代」といわれる中、父親が一人で家族を養うライフスタイルのリスクは高くなってきているのです。

これはたいへんなことです。女性の生き方の問題としてよりも「生活防衛」のために共働きを選ばざるをえない、つまり「女性（妻・母親）が働く」ことをオプションにしておけない状況が広がっているということです。

この先、好むと好まざるとにかかわらず「共働き子育て」を余儀なくされる家庭がふえてくるとすれば、もはや「共働き子育て」の是非を問うている場合ではないということになります。

新しい「共働き子育て」モデルがほしい

「こども未来財団」が行った調査に、次ページのようなものがあります。

「子どもを保育所等に預けることについて」という選択肢形式の設問についての、一一三九人の男女の回答です。共働き、片働き（夫婦のうち一人だけが働くこと）、ＤＩＮＫＳ《ディンクス》（子どものいない共働き夫婦）、未婚などなど、幅広い層の男女に聞いています。どの階層でも多かったのは、「望ましくないが、親の都合もあるのでやむをえないこともある」という回答でした。預けることを否定まではしないが、「望ましくない」といってしまっているこの選択肢には、社会の意識のねじれを感じます。「認めたくないけれど、認めざるをえない」という、「預けること」に対するネガティブイメージが顕著に表れています。この回答者たちがなぜ「望ましくない」と感じているのかはわかりませんが、共働きの親のもとで育っているたくさんの子ども

子どもを保育所等に預けることについて

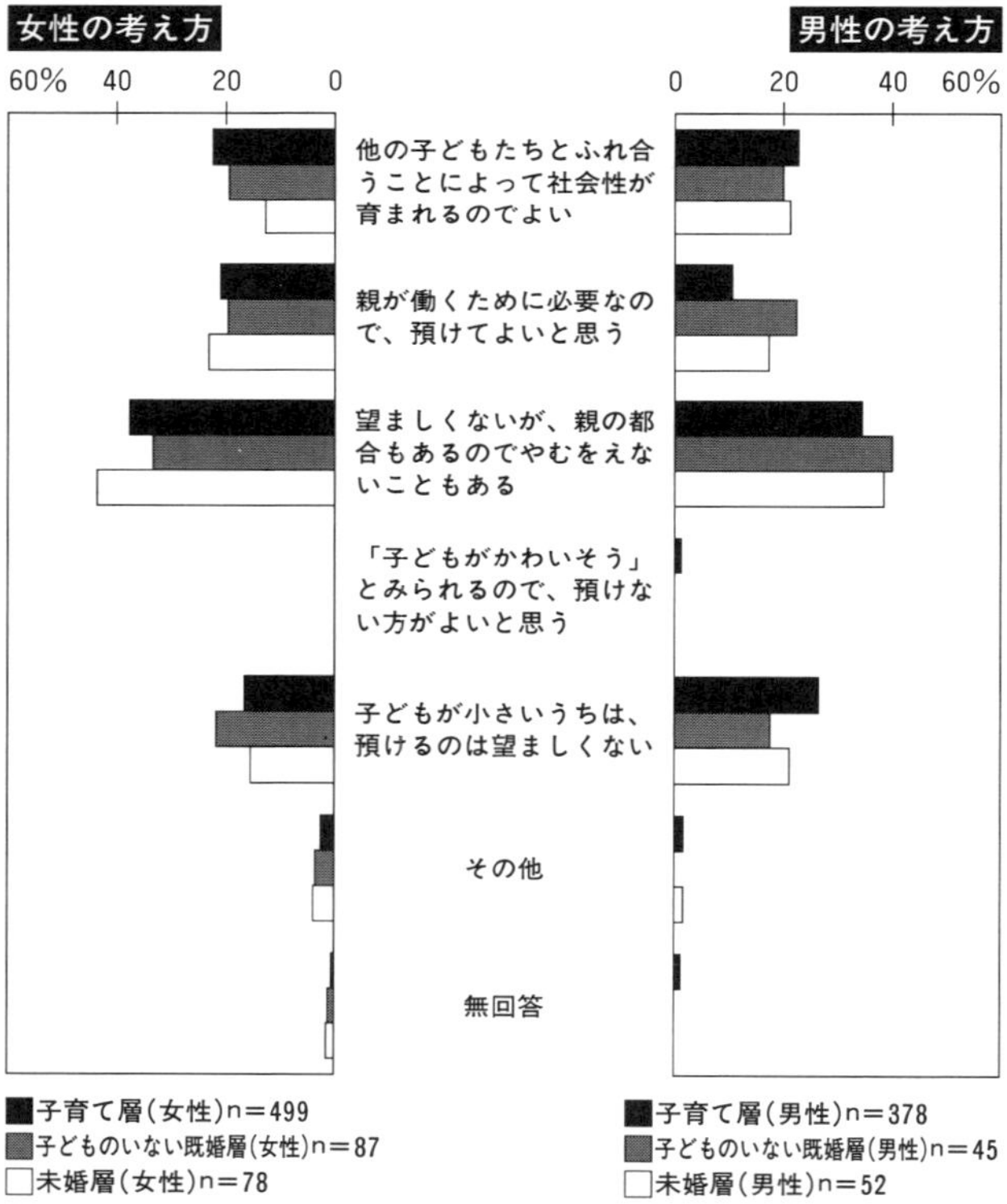

こども未来財団　平成12年度子育てに関する意識調査より

たちの姿、その親たちの暮らし方を見てきた私には、このネガティブなイメージは意外です。

私が代表を務める「保育園を考える親の会」が毎年開いている保育園オリエンテーションで、参加者から「保育園に預けられた子どもが、将来非行に走るということはありませんか」と質問されたこともありました。そのとき、メンバーの一人（元保育園ママ）は憤然として、「そんな話、聞いたことがありません！」と答えました。

正確にいえば、保育園育ちの子どもにも、専業主婦家庭育ちの子どもにも、「非行に走る」子どもはいるでしょう。子どもたちの育つプロセスには、さまざまな困難との出合いもあります。しかし、保育園育ちに特に思春期のトラブルが多いわけではありません。反対に不登校事例を調べると保育園育ちでの発生率が低かったという地方の調査もありました。

保育園育ちに対するさまざまな偏見は、「母親が家にいる」ことの価値、あるいは「母親が家にいないことの罪」が過大評価されているからではないか、とも思えます。

もっと等身大の「共働き子育て」モデルが必要です。

というわけで、これが本書のメインテーマです。実際の共働き家庭の現実を具体的な体験談をまじえつつ明らかにし、障害を乗り越えていくためのアイディアを提供しながら、私たちなりの新しくてポジティブな「共働き子育て」像に迫りたいと思います。

今こそ家庭内分業バランスの見直しどき

　こんな時代だからこそ、もう一つ変えなくてはいけないものがあります。それはいうまでもなく、男女の役割についての考え方です。ふと見れば、世の中の多くの家庭は依然、男女の固定的役割分担の中にあります。

　しかし、本書を読んでいるあなたが「共働き」というライフスタイルを選ぶのであれば、今が転換のときです。片方が外で働き、片方が家事・育児をするという分担方法をいったん白紙に戻し、自分たちの実情に合わせて、二人で新しい分担方法を考えなくてはなりません。

　家庭の守り方を変えましょう。企業社会の競争が激化して、働く側の雇用条件は悪化しています。片や家庭は孤立に追い込まれ、子どもたちの育つ環境にもいろいろな不安材料がいわれ、従来どおりの家庭観は行き詰まりを見せています。こんな時代こそ、夫婦がともに仕事を確保しつつ、家庭のことや子育てをフェアに分担して物理的・精神的なバランスをとり、子どもを見守っていく暮らし方が有効なのではないでしょうか。「それが新しい家庭の守り方だ」と、ここではあえて言ってしまいます。まず、保育園や社会情勢についての客観的情報を得て、二人で考え、二人でライフスタイルを決めるというプロセスが必要です。

　本書のもう一つのテーマは、「共働き子育て」を夫婦で納得して選ぶための手がかりを提供することです。さっそく始めましょう。

第一章　共働き子育ての時代がやってきた

政府はなぜ「両立支援」をいい始めたのか

日本の戦後社会は、主に専業主婦がいる家庭を標準モデルとしてきました。それが、近年になって大きく変わってきています。当の女性たちには、専業主婦志向もまだ根強いといわれていますが、好むと好まざるとにかかわらず、社会のシステムを変化させようとする大きな力が働いているようです。政府の諮問《しもん》会議などから、保育園の増設等の子育て支援策がたびたび打ち出されるのを見ると、これまで「保育園を考える親の会」の活動をしながらこの流れを求めてきた私でさえ、不思議な気持ちがします。

九〇年代から政府の方針は大転換

戦後に始まる高度成長期に、「専業主婦」は女性の理想の肩書きになりました。以来、お給料がいい男性と早々に結ばれて「永久就職」することは「勝ち組」の証でした。特に都市部では、男性が大黒柱となって一家を養えるだけの給料をもらえる仕事がたくさんあったので、専業主婦世帯が多数派となったのです。

夫が外で働き、妻が家庭で家事・育児・介護に専念し「内助の功」で夫を支える、という生活形式は、効率のいい分業であるようにも見えていました。会社は男性が家族を養えるだけのお給料を払い、その代わり、仕事最優先で生活することを求めました。日本の高度成長は、会社に人生を捧げた男性たちによって築かれたといわれています。女性は夫が仕事に専念できるように、身の回りの世話から、子育て、介護まで家事全般を引き受けました。国はこのシステムを強化するべく、夫（納税者）の所得税の配偶者控除、配偶者特別控除（一九八九年に増額）、妻の年金免除（一九八六年開始）などを設け、近年まで専業主婦優遇政策をとってきたのです。

一九八五年に日本は国連の女子差別撤廃条約（女子に対するあらゆる形態の差別の撤廃に関する条約）を批准し、「男女の固定的役割分担をなくそう」というかけ声はかかっていましたし、一九八六年には男女雇用機会均等法が施行されましたが、世間はまだ、女性が「結婚しても働き続ける」と怪訝な顔をし、ましてや「子どもを預けて働く」などということは、「邪道」と考えていました。看護師や教員など、特別な職業についている女性のみが出産後も働き続けることができるというイメージでした。

ところが、一九九〇年代に入ると政府の施策は大きく転換していったのです。「共働きの一般化」がいわれるようになり、女性の仕事と子育ての両立を支援する施策が次々に打ち出されていきました（次ページ参照）。

仕事と子育て両立支援への動き

1990年　1.57ショック（1989年の合計特殊出生率）。

1991年　育児休業法成立（1992年施行）。１歳までの育児休業が可能に。

1994年　労働省がファミリーサポートセンター設置。

1995年　育児休業法が小規模事業所にも適用される。雇用保険から25％の所得保障もつき、本人負担分の社会保険料が免除に。

エンゼルプラン（低年齢児保育、延長保育、病後児保育、学童保育などの充実）が５か年計画でスタート。

1997年　『国民生活白書　働く女性——新しい社会システムを求めて』刊行。女性が社会で働くことに対応した社会システムづくりを検証。

1998年　児童福祉法改正。保育園は「措置される」施設から「利用する」施設に。ゼロ歳児保育の普及が謳《うた》われ、学童保育が法制化される。

『厚生白書　少子社会を考える』刊行。個人が自立する社会、仕事と子育ての両立を検証。「三歳児神話」は根拠がないと明言。

1999年　労働基準法、育児・介護休業法、男女雇用機会均等法改正施行。女性の時間外・深夜労働の規制がなくなる。

2000年　新エンゼルプランが５か年計画でスタート。

認可保育園への民間参入などを認める規制緩和を実施。

育児休業中の厚生年金の事業主負担を免除。

2001年　育児休業中の雇用保険からの所得保障が40％にアップ。

健康保険料の事業主負担も免除に。

2002年　育児・介護休業法が改正施行。不利益取り扱いを禁止、短縮勤務などの育児支援策を３歳未満までに延長、看護休暇も努力義務に。

この背景には、社会での男女平等意識の広まり、男女雇用機会均等法後の女性の職域の拡大などがありましたが、実はもっと切実な「お国」の事情もあったと私は考えています。

少子化に蒼ざめた、のが「共働き子育て支援政策」の真相

一九九七年に人口問題審議会は「少子化に関する基本的考え方について」という報告書を出しました。この報告書には、とどまるところを知らない少子化の現状と、少子高齢社会で起こるかもしれないさまざまな問題が挙げられています。

「一人の女性が一生の間に何人子どもを産むか」という数字を合計特殊出生率といいますが、それが一九七〇年代半ば以来ずっと減少を続け、二〇〇二年には一・三二と、一九九九年の最低記録を塗り替えました。このままいくと、まもなく日本の人口は減少し始め、二一世紀末には半分になってしまうのです。

それの何が問題なのでしょうか？　報告書によれば、

- 労働力の減少（高齢者の比率が高くなり働き手の人数が減る）
- 経済成長率の低下
- 年金や医療費などの社会保障分野において現役世代の負担が重くなる
- 子どもが少なくなることで家族が変容し、子ども同士のふれ合いが減って社会性が育まれにくくなる

●高齢化・過疎化が全国的に広がり、地域の福祉・医療などのサービスに支障をきたすなどなどが挙げられています。

この報告を受けたその後の政府諮問機関等の意見は、少子化に歯止めをかけるためには女性が子どもを産んでも働ける社会、仕事と子育てが両立できる社会にすることが必要だという方向で出されてきました。

統計から見て、少子化は未婚率の上昇（結婚しなくなってきた）の結果であることは明らかでした。その原因について、個人主義的なライフスタイルが好まれるように時代が変化したにもかかわらず、男女の固定的役割分担の意識が根強いために、「結婚の負担感」が大きくなったからではないかと分析されました（前掲報告書、および『少子社会への11人の提言』第一章第一節）。家庭に入って自由や豊かさを失うことを嫌う女性、一人で一家を養う重責を嫌う男性、それでいて双方の意識や社会システムは、まだまだ固定的役割分担にそったものになっているというわけです。

また、これから働き手が少なくなっていくのだから、将来的に女性の労働力を確保していくことが必要という読みもありました。

こういった分析が、両立支援の必要性の理由を女性（男性）の生き方の変化に求めたのは正論です。同時に、「女性にも働いてもらって、税金と社会保障費を負担してもらわないと困る」

という国の本音も透けて見えています。

国を挙げての「共働き子育て支援」政策の裏には、少子化に蒼ざめた人々による大きな舵取りがありました。社会の流れは専業主婦優遇路線から転換する方向に変容しつつあるのです。

会社が変わる、働き方が変わる

九〇年代初めのバブル崩壊以降、終身雇用や年功序列型賃金という日本的な経営に、さまざまな反省が生まれました。情報化・グローバル化で競争はますます激しくなり、多くの会社が日本的な経営方法を変えていこうとしています。この変化は、私たちの暮らし方に直接影響を与えます。

長年の慣行だった、終身雇用と年功序列型賃金

日本では大企業を中心に終身雇用が定着してきました。同じ会社に長期間勤続するということは、そのぶん社員の会社への帰属意識が強くなる一方、会社は長い目で見て社員を教育し活用していけるなどのメリットがあるといわれてきたのです。

また、そこでは、年功序列方式で給料が支払われます。年功序列方式は、年齢を重ねるほど給料の額が高くなります。若いときは安くても、家族を養っていかなくてはならない年齢になるとそれなりの給料が受けられ、収入の予測も立てやすいので、安心感のあるシステムといわれます。基本給だけでなく、家族構成に合わせた家族手当や住宅手当も支給され、大企業では社宅も完備されて、社員の生活を会社が丸ごと面倒を見るような形に整備されてきました。

男性だけを一家の大黒柱として育てた日本的経営

しかし、こういった日本的な雇われ方は、もともと男性だけに許されたものでした。会社に雇用される女性がふえても、「女性は結婚退社」が暗黙の約束となっていて、だいたい三年くらいでやめてしまうので、「腰かけ社員」といわれたものです。

「男女均等の機会と待遇」を謳った男女雇用機会均等法が施行されたとき、金融・商社などの会社はあわてて「残業はできるか」「転勤はできるか」という踏み絵をつくり、踏めない女性たちを「一般職」というコースに振り分け、従来どおり、男性とは給料も昇進もまったく違う待遇に置きました。一方、「総合職」など、男性と同じ給与体系で雇われた女性たちには、子どもを産んでも男性並みに働くようにというプレッシャーをかけました。

このように、従来の終身雇用・年功序列という日本的雇用形態は、女性をそこから除外し、男性だけを大黒柱として養成するものでした。こういったシステムがあったから専業主婦家庭がふえてきたのか、みんなが専業主婦のいる暮らし方を望んだからこういうシステムが拡大してきたのか、どちらにしても両者は切っても切れない関係なのです。

ちなみに、その後、女性の勤続年数は延び続け、育児休業制度ができてからは、出産後も働き続ける女性がふえました。先進諸国と比べるとまだ少ないものの、女性の管理職も少しずつ比率を高めています。男女雇用機会均等法がスタートした当時と比べると、日本の会社もずいぶん変わりました。とはいえ、管理職の女性をよく見ると、独身だったり、子育てを実家にまかせていたりする人が多いのも事実です。私の知り合いの女性総合職は「わが家に専業主婦がほしい！」と叫んでいました。従来の「男性並み」の働き方は、家事・育児を一手に担う専業主婦の「内助の功」を予定したものというわけです。

給与・雇用が大きく変わってきた

好況期には、日本的経営のメリットがことさらに取り上げられたものですが、不況期になると話はまったく逆になりました。アメリカのように、雇用をもっとフレキシブルにしたほうが会社の競争力が高まると考えられました。新卒から採用して育てるばかりでなく、即戦力の人材をもっと取り入れたい、そのためには年功序列方式を改め、実績や能力に合わせた報酬を設定したい、といった方向性です。

25ページ上のグラフを見てください。

これは一九九八年にまとめられた調査報告（平成一〇年版『厚生白書　少子社会を考える』）ですが、多くの会社でここ数年のうちに経営方針が大きく変わっていくことを予測しています。長期継続性を前提としない雇用、年功序列よりも能力主義的な処遇、即戦力の人材確保、福利厚生のしぼり込みなどが挙げられています。

これを家庭の側から見ると、どうなるのでしょうか？

まず、会社間の人の移動がふえそうです。自主的な転職もふえるでしょうし、雇う側も人員調整をもっと自由にするようになるかもしれません。一つの会社で一生勤める人は今よりも少なくなるでしょう。雇われる側にとっては、新しい職に就くチャンスもふえるかもしれませんが、職を失うリスクも高くなります。

それよりも早く変化しそうなのが、給与体系です。

これまでの年功序列方式では、誰でも一〇年、二〇年勤めたら給料が確実にふえていったのですが、これからは能力主義・成果主義で働きぶりを評価し、それに合わせた額にするというのです。

二〇〇二年七月一三日「朝日新聞」朝刊掲載の同社調査によれば、各業界の有名企業一〇〇社へのアンケートで、管理職の賃金制度を完全な成果主義にしている会社が六割に及んでいることが明らかになりました（次ページ下のグラフ参照）。こうなると、子育てや住宅に費用が嵩《かさ》む三〇代、四〇代の収入が予測できなくなります。

雇用方針の現状と今後の方向性

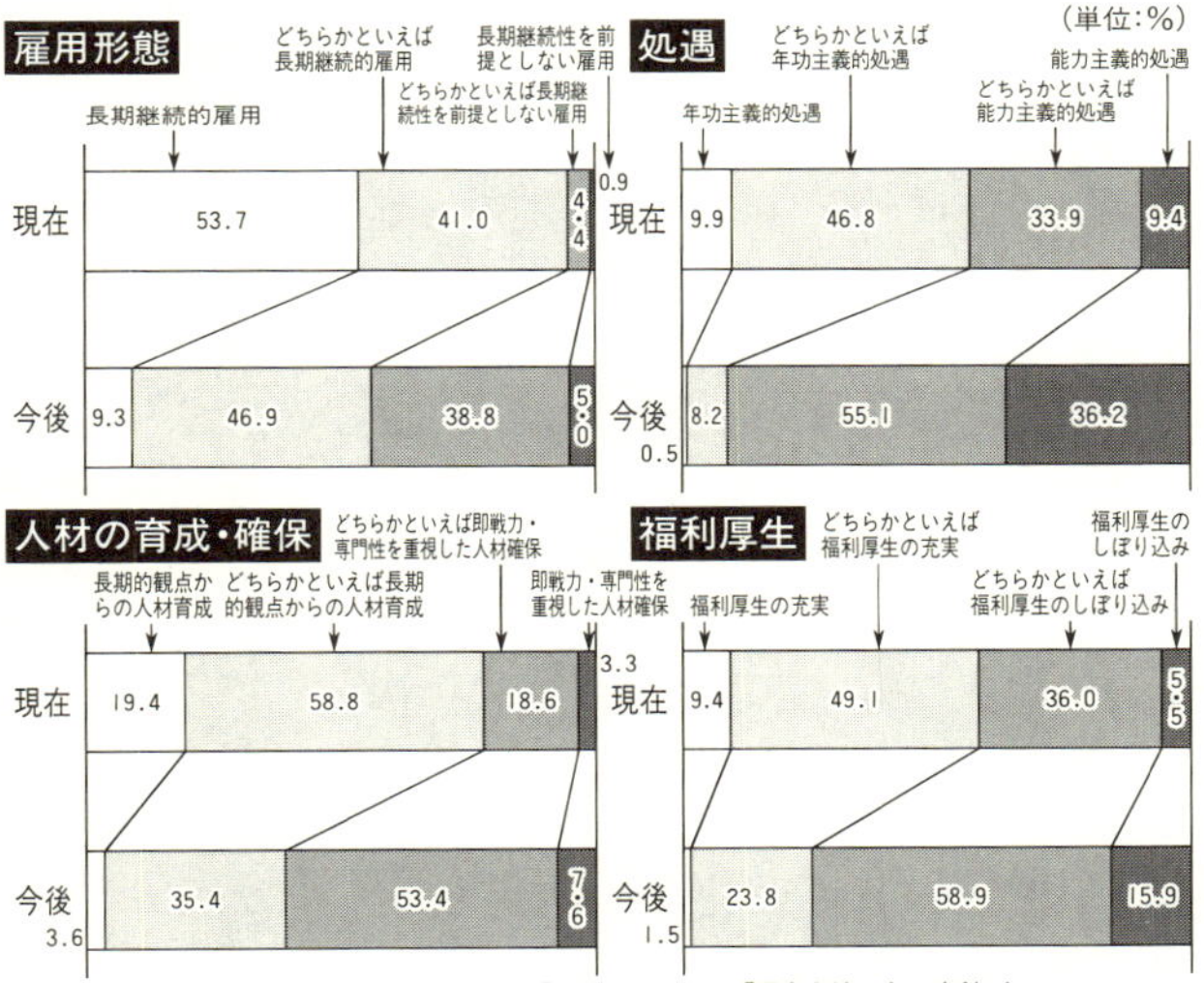

「現在」とあるのは「現在主流である方針」を、
「今後」とは「今後5年間に重要性の高まる方針」を意味する

経済企画庁調査局景気統計調査課　日本的経営システムの再考〜企業行動に関するアンケート調査報告〜(1998年 4 月)平成10年版「厚生白書」より

主要企業の賃金制度

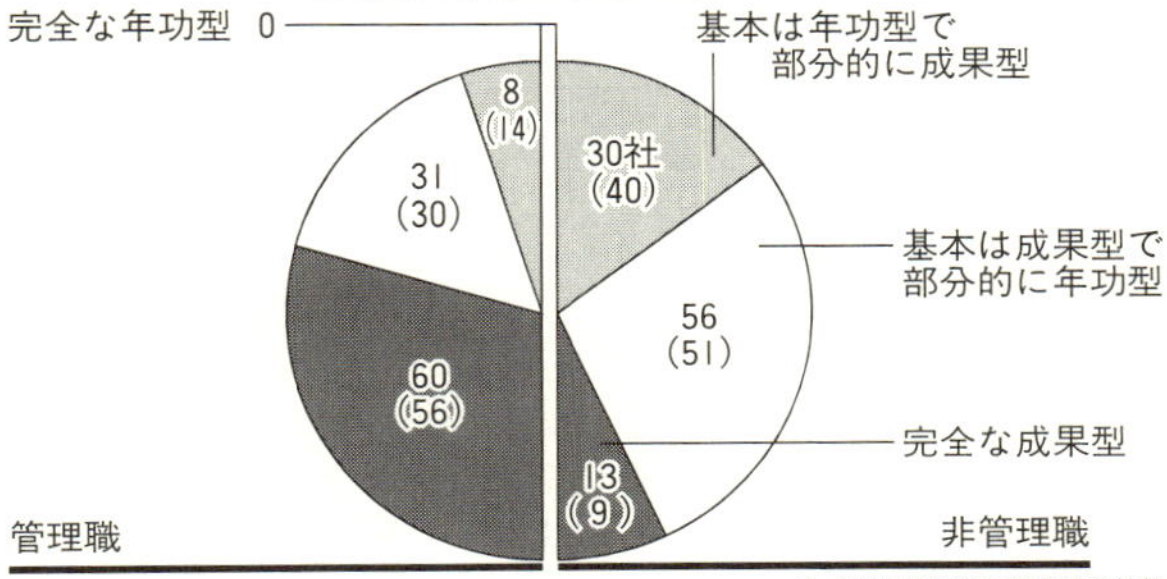

(　)内は昨年秋の調査時の社数

朝日新聞社　全国主要100社賃金・雇用アンケート(2002年 7 月13日朝刊より)

不況下では、全体として賃金抑制の方向に進んでいくでしょう。最近は、社宅や配偶者手当を廃止する会社もふえています。会社の給与体系は「世帯の生活を支える」から「個人の働きに合わせる」に方向転換しているのです。

家庭生活にとっては、不安定さが増したことは確かなようです。

年功序列の崩壊は働く女性に有利？

一方、こういう変化を、女性が働くことにとって有利と解釈する考え方があります。とにかく伝統的に女性排除・男性中心でがちがちに固められてきた年功序列システムが崩壊すれば、能力のある女性が認められるチャンスがふえるという意見、中途採用がふえるのだから子育ての都合などでいったん退職した女性が復帰できるチャンスがふえるという意見です。

確かに、こういうメリットに助けられる女性は少なからずいるでしょう。大いに期待したいものです。

しかし一方で、成果主義が実績を評価するものであることを考えると、結局、長時間働く人が有利になる可能性も大いにあります。成果を出すために、男女ともますます家庭を軽視せざるをえなくなるのか？　これは専業主婦家庭・共働き家庭を問わず、子育てを担う立場にすればつらい環境です。会社の経営者や働く人々自身が、成果主義のもとで、仕事と子育てのバランスにどういう価値観をもつか、みんなで会社や社会という船をどういう方向に漕いでいくのかという、とても重要なポイントだと思います。

こういった変化によって本当に男女格差が縮むかというと、非常に疑問です。個別の例はともかく、社会全体で見ると、女性が多い職域がパート化されて、その枠外に置かれる傾向は強まっているからです。その結果、子育てで退職した女性のリターンマッチもそちらでということになっています。「朝日新聞」の前掲の調査では、正社員の賃金を時給換算して比較したところ、平均で三〇・五％、最大で六〇％もパートのほうが低かったといいます。フルタイマーとパートタイマーが「身分差」となっている現状を変え、同一労働では時間当たり賃金やその他の待遇が均等になるように変えていかなければ、この不平等は解消されないでしょう。

共働きならリスクを減らせる

実際のところ、こういった変化がどこの会社でも起こるわけではありませんし、成果主義が取り入れられても、年功序列の昇給ぶんがまったくなくなることはないでしょう。とはいえ、現在のような将来保障型の給与体系は縮小されていくことは確かです。

雇われる側からいえば、とにかくチャンスもリスクもふえるということだと思います。実績が目に見える職種で、実績を出せる環境・能力をもった男女にとっては、若くても自分の力で高い報酬をゲットするチャンスがふえるかもしれません。

ライフスタイルとの関係で見ると、この変化は共働きをふやすように作用するでしょう。共働きでやっていけば、子育て期に給料が上がらなくても、ダブルインカムでしのげます。夫婦の一方が転職したり万一失職したりしても、共働きならリスクを少なくできます。

もちろん、チャンスもリスクもふえるのであれば、チャンスをつかめる資質をもっている片方が集中的に働いて仕事に全力を注ぎ、片方が家庭に入ってそれを支えるという夫婦での従来型の分業のほうが有利である場合もあるでしょう。分業にお互いが納得し、稼ぐほうが一人で家族を養っていけるだけの十分な報酬が期待できる仕事に就いているのであれば、それも一つの選択肢です。

税金や年金の制度が変わる

「専業主婦優遇政策」とは何か

［配偶者控除・配偶者特別控除］

日本の税制は、専業主婦のいる世帯が有利なように設計されてきました。外で働く夫の身の回りの世話、家事、育児を一手に担う専業主婦の働きを、夫の稼ぎに貢献する「内助の功」と認めて、それに報いようというのが、配偶者控除と配偶者特別控除です。

これらの控除は、専業主婦を養う夫の所得税の課税対象額を減らし、所得税を軽くします。両方の控除の合計は、妻の収入によって、年間で最高七六万円（配偶者の給与収入が七〇万円未満）から三万円（配偶者の収入が一四一万円未満）まで段階的に変わるようになっています（次ページ図参照）。

このような控除によって夫（納税者）の所得税の課税対象額が減ると、税率が低くなる場合もあるし、住民税、健康保険料なども軽減されます。夫の収入が大きければ大きいほど、配偶者控除・配偶者特別控除の恩恵は大きくなるのです。

配偶者控除は一九六一年に、配偶者特別控除は一九八六年に設けられました。当初から配偶者控除は、適用対象者の配偶者の収入に限度額を設けていたため、主婦のパートタイマーが収入を限度額未満に抑えるように働く「就労調整」が起こりました。この「意欲的に働くと収入が減少する」という矛盾したしくみは、男女平等の視点からも批判され、矛盾を改善するために、配偶者特別控除が限度額の前後の変化をなだらかにする形でつぎ足して設けられたのです。

［配偶者手当］

この配偶者（特別）控除と連動させて、多くの会社で配偶者手当が出されています。二〇〇一年に上場企業七〇三社から回答を得たアンケートでは、八割以上の企業が配偶者手当を支給しており、額は平均一万四五〇〇円（月額）。配偶者控除の限度額にならって、「配偶者の収入

配偶者控除・配偶者特別控除制度の仕組み
（配偶者が給与所得者の場合）

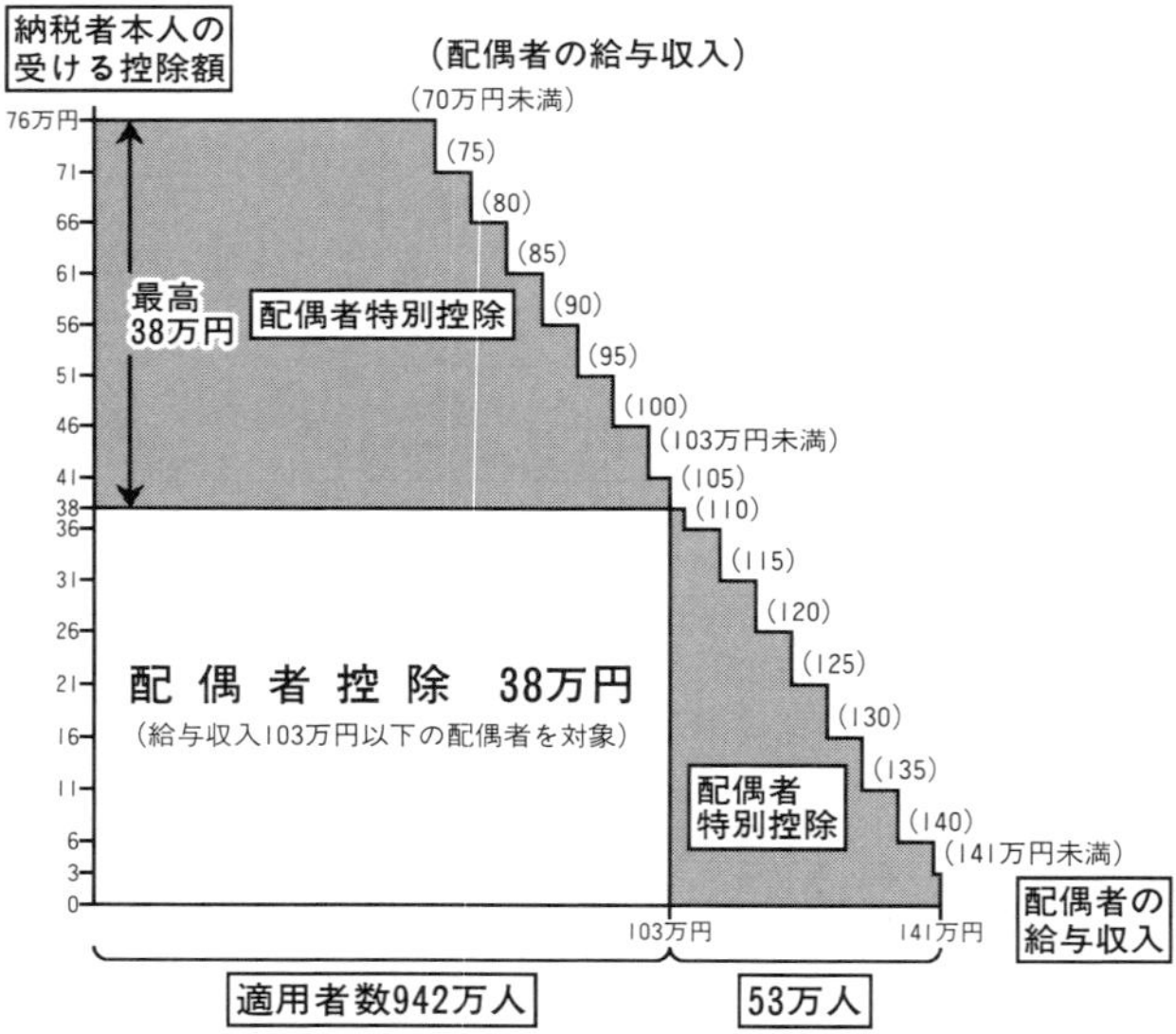

配偶者特別控除は、
① 配偶者の給与収入の増加に応じてなだらかに控除額が減少し、（給与収入70万円から控除額の消失が始まり、非課税限度額である103万円で消失がいったん完了する）、かつ、
② 収入の非課税限度額103万円を超えても（すなわち、独立した納税者となっても）、年間の給与収入が141万円までは控除が適用される（103万円を超えると消失した控除額が全額復活するとともに、収入の増加に応じた消失が始まり、141万円で完了する）ようになっている。

（備考）税制調査会基礎問題小委員会　平成14年9月3日提出資料より
国税庁「民間給与の実態（平成12年分）」（年末調整を行った1年を通じて勤務した給与所得者（納税者））より作成。

が一〇三万円まで」としているところが約八割でした（男女共同参画局「雇用システムに関するアンケート調査」）。これも夫が妻を扶養することを支えるしくみです。配偶者手当は会社の制度なので「政策」ではありませんが、配偶者控除が根拠になっているという意味では、「専業主婦優遇政策」の延長線上にあるといえます。

［国民年金］

さらに、国民年金の「第三号被保険者制度」も「専業主婦優遇政策」の一つといわれています。これは、サラリーマンや公務員の妻（正確には給与所得者の被扶養配偶者）だけが保険料を支払わなくても自分の基礎年金を受け取れる制度です。

ちなみに、国民年金の第一号被保険者は自営業者やその妻、学生、第二号被保険者はサラリーマンや公務員などの給与所得者、第三号被保険者は第二号に扶養される配偶者です。

一九八五年、離婚した専業主婦などが年金を受け取れないことを問題として、第三号（九九％が専業主婦）は保険料を負担しなくても、国民年金の基礎年金（満額で月額六万七〇〇〇円）が受けられるようになりました。これにも、所得の限度額があり、「年収が一三〇万円未満」であれば第三号になれるとされています。

専業主婦が働き始めると家計収入が減る場合がある

このような制度があるため、妻が働き始めたとき、その収入の増加が家計の手取り増加につながらないポイントが大きく二つあります。

一つ目は、多くの場合、一〇三万円を超えるときで、夫の配偶者手当の支給条件をはみ出すポイントです。

二つ目は、一三〇万円を超えるとき。夫の年金・健康保険からはずれ、年金保険料・健康保険料を自己負担しなくてはならなくなります（パートタイマーなどとして雇用されている場合は、正社員の四分の三以上の労働時間を働いていたら、厚生年金・健康保険に加入するのが原則。これは職場の側の義務）。

つまり、このポイントの近辺では、一時的に手取り収入の合計が減少してしまうことになります（次ページ図参照）。

また、額に応じてなだらかに変化するのでグラフには表れませんが、妻の収入が七〇万円を超えたところから、夫の配偶者控除・配偶者特別控除の控除額が減り始め、一四一万円でゼロになります。また、妻自身の所得に対する所得税・住民税も、所得税が一〇三万円を超えたときから、住民税は収入が一〇〇万円を超えたときから課税されるようになります。

見直される専業主婦優遇政策

こういった「専業主婦優遇政策」については、さまざまな議論がされてきました。

共働き世帯がふえてくると、家事・育児は共働き世帯にもあるのに、妻が働いてないからと

妻の就業に伴うサラリーマン世帯所得の変化

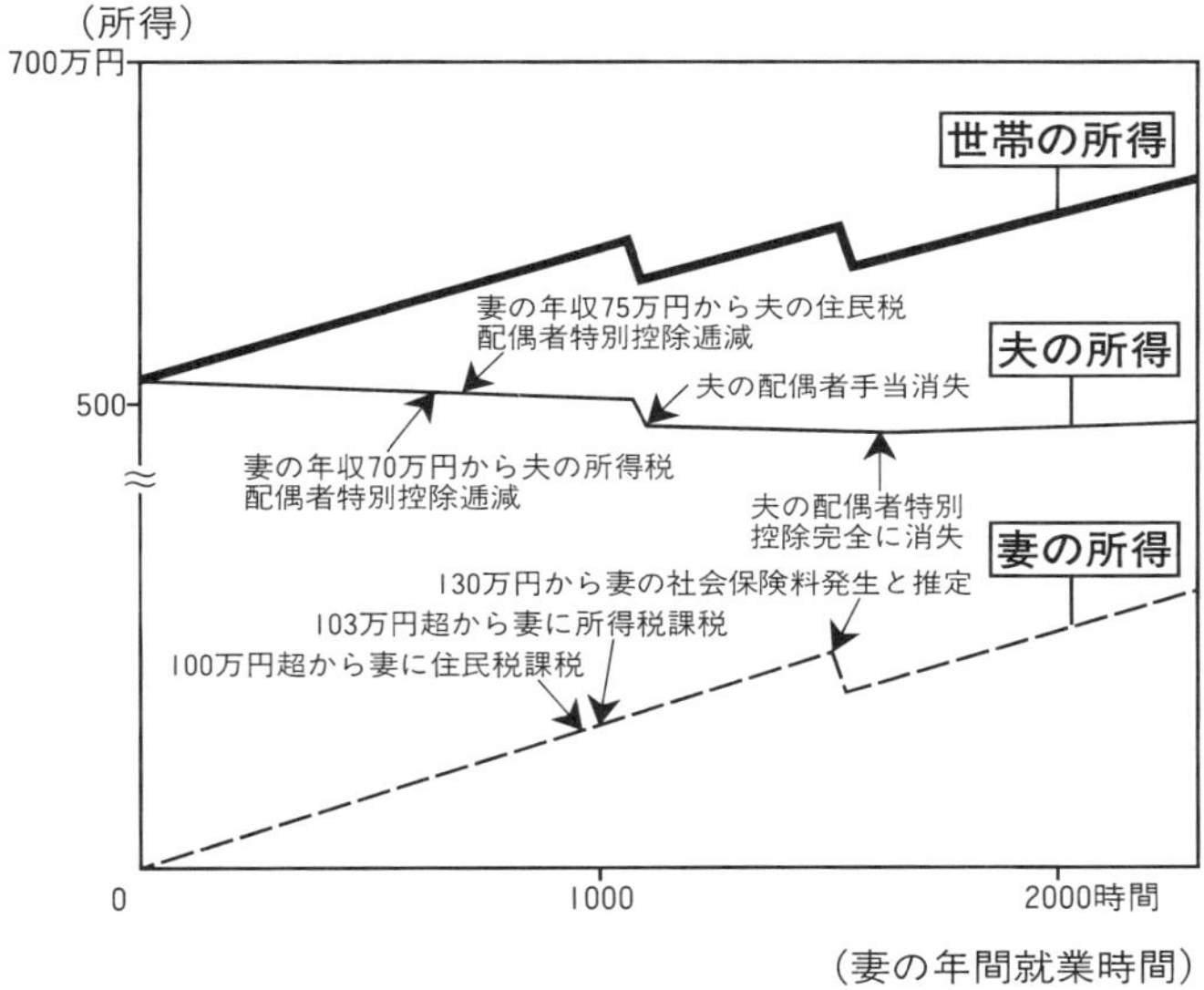

（備考）1．厚生労働省「賃金構造基本統計調査報告」（2000年）、「毎月勤労統計調査報告」（2000年12月）「賃金労働時間制度等総合調査報告」（1997年）、社会保険庁「事業年報」（1999年）により作成。
2．年金については保険料そのものを負担額として、所得より控除した。

平成13年度　国民生活白書（抄）〜家族の暮らしと構造改革より

いって「内助の功」が評価される配偶者控除の制度は納得がいかないという意見も当然多くなります。年金の制度にしても、無収入の学生でも保険料を負担しなくてはならないのに、専業主婦だけが負担なしで給付が受けられるのはおかしい、結局、そのぶんを共働き世帯や単身者が払わされているのだという意見が出ています。

そもそもこれらの制度は専業主婦を優遇しているのではなく、専業主婦の夫を優遇しているのだという見解には鋭いものがあります。配偶者（特別）控除は夫の名義の収入をふやしているにすぎません。年金の第三号被保険者制度は確かに結婚期間中の加入期間ぶんは保障してくれますが、離婚した場合、子どもをかかえて賃金の低いパートの仕事で生計を立てなくてはならない女性も多く、厚生年金に入れず、国民年金も免除を受けなくてはならないような状態になると、結局、老後の年金額は非常に少なくなるという試算もあります。

全体的にパートタイマーの時給が低いのは、配偶者控除の枠内で働こうとする働き手たちが低い報酬に甘んじてしまうことと、雇う側も社会も、主婦は夫に養われているのだから低い報酬でもかまわないと考えてしまっていることが大きく影響していると思われます。女性を守る施策のように見えて、実は深いところで女性に不利益な制度になっている部分もあるのです。

こういった議論を受けて、すでに制度改革は始まっています。まず、二〇〇二年一一月の政府の税制調査会の答申に基づき、二〇〇四年一月より配偶者特別控除のうち、妻の収入が一〇三万円までの場合に上乗せされてきた部分はカットされ、配偶者控除のみに縮小されることが決まっています（二〇三～一四一万円の部分は従来どおり段階的に控除額が減るように配偶者特別控除が残る）。また、年金制度についても、二〇〇一年一二月に政府審議会「女性のライフスタイルの変化等に対応した年金の在り方に関する検討会」はいくつかの改革案を示しました。特に厚生年金の適用拡大案（たとえば収入限度額を六五万円以上、正社員に対する労働時間を二分の一以上とする）などは実現性が高いと思われます。

このような流れも政府のめざす「構造改革」の一端であるわけですが、議論はそれほど単純ではありません。たとえば、配偶者（特別）控除の廃止は多くの家庭にとって増税につながります。年金は、「保険料なしでＯＫ」という制度ですでに年数が経過しており、どうしたら公平で、困る人を出さない制度改革ができるのか、とても悩ましいところです。そもそも「共働き」を標準モデルとして制度をつくり直すといっても、主婦の再就職がきびしく、都市部では保育園が不足している状況もあって、働きたくても働けない人がいる現実はどうしても立ちはだかります。財政難や少子化というきびしい状況はありますが、社会の隅々まで目配りして議論してもらいたいものです。

ライフスタイルを選ぶ目が変わる

「専業主婦優遇政策」がなくなったり縮小されていった場合、ダブルインカムのメリットは、今よりももっとはっきりしてくるでしょう。

妻がパートで働く場合にも、収入を低く抑えるメリットはなくなってくるはずです。それなら本格的に働いて、自分のやりたい仕事に就けるチャンスを広げようと考える人がふえるかもしれません。これまでは、一〇三万円や一三〇万円のカベを気にして、わざと働く日を少なくしたり、時給アップを断ったりする人も少なくなかったようですが、これからは「望むだけ働き、働いたぶんはしっかりもらおう」とストレートに考えることができますね。

少なくとも、夫が妻に働いてほしくないと考える理由が一つは減るはずです。

保育園の待機児問題は解消されるか

「待機児」って何?

保育園には認可保育園と認可外保育園があり、認可保育園には公立と私立があります。認可外保育園はすべて私立ですが、自治体の助成金を受けている施設と、受けていない施設があります。くわしくは、第三章の「子どもの預け先の選び方」で説明します。

さて、認可保育園には園庭や調理室もあり、保育室も広さなどの環境について基準を上回るようにつくられていて、見かけも幼稚園と違いがありません。何よりも「認可」のお墨付きがあって安心して預けられるし、保育料も世帯の所得に応じて支払額が決まるので、子どもの預け先として、まず「認可保育園に」と考える人は多いでしょう。

この認可保育園は、公立も私立も市町村の事業として運営されています。そのため、入園申請は市町村の窓口にします。希望の園を選んで申請しますが、そこに定員を上回る希望者があった場合は、預ける必要性などから選考が行われて、優先順位の高い人から入園することになります。このとき、選考にもれて希望の園に入れず、「空き待ち」になった子どもを待機児と呼んでいます。

保育園希望者は激増中

一九九四年以降、認可保育園に入っている子どもの数（入所児童数）はふえ続けています。一九九七年からの五年間では、約二三万六五九五人伸びました（毎年平均約四万七〇〇〇人ずつふえている）。受け入れ数がふえているにもかかわらず、待機児も毎年三万五〇〇〇人前後にのぼっており、社会問題になっています（次ページ図参照）。

二〇〇二年四月での入所児童数は一八七万九三四九人、入所できなくて待機している子どもの数は三万九八八一人（自治体の助成を受ける保育サービスに在籍する子どもも含んだ待機児数）。全体に対する待機児数の比率は小さいのに、待機児解消はなかなか実現しません。保育

認可保育園の入所児童数と待機児童数

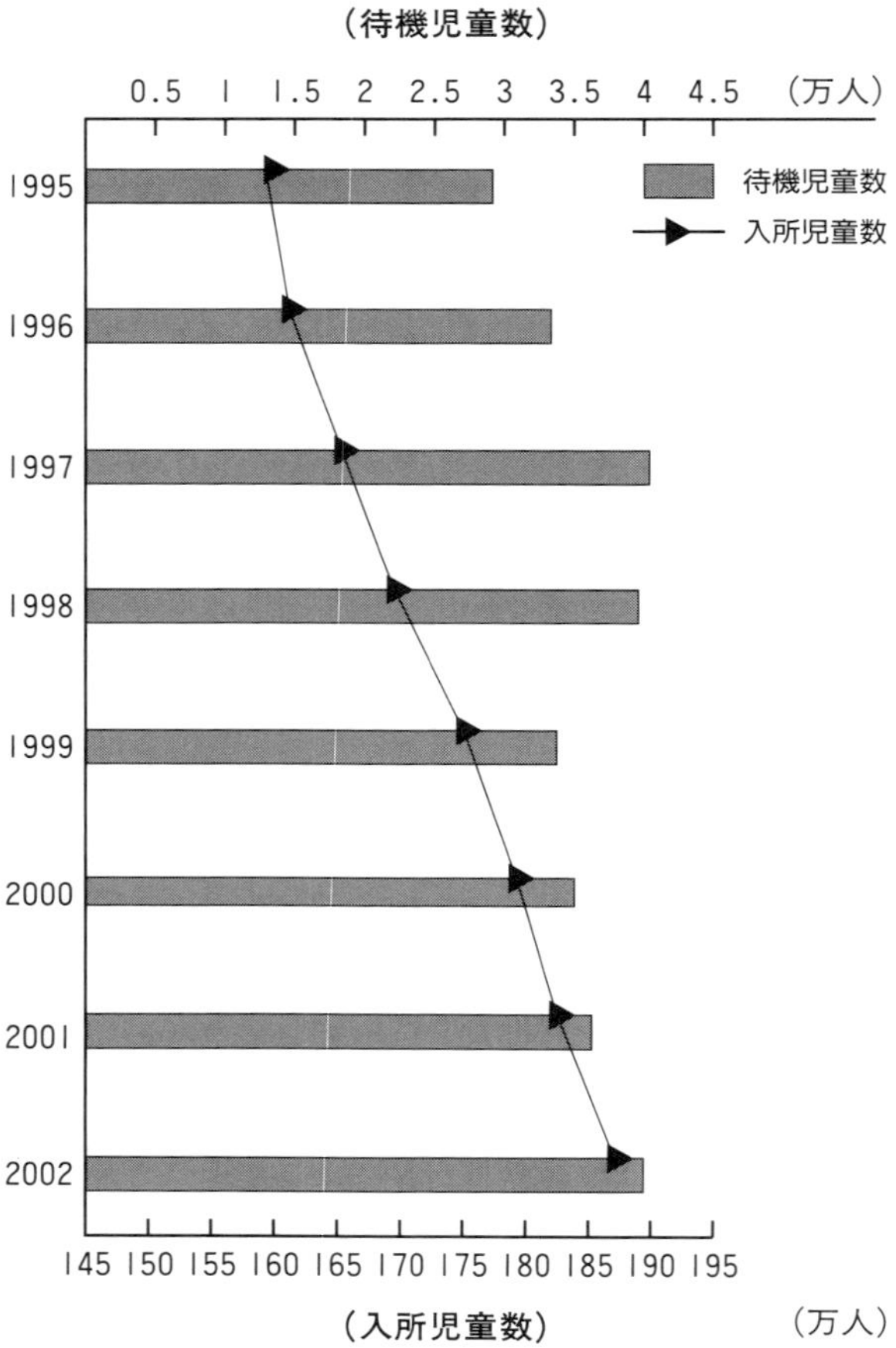

厚生労働省児童家庭局保育課公表データより作成

園の整備は重要な少子化対策とみなされていることもあって、待機児解消は政府の緊急課題とされています。

社会全体では少子化が進んでいるのに、保育園の入園希望者がふえているのは、子どもを預けて働く世帯がふえているからです。育児休業制度が普及して、育児休業をとる人がふえてきたこともありますが、いったん家庭に入った専業主婦が、子どもが小さいうちからの仕事復帰を望んで申請するケースも多いようです。ある自治体の保育担当者は「保育園を新しくつくると、その周辺の母親が働き始めるので待機児が減らない」とため息をついていました。

あの手この手の待機児対策はとられているが

こういった事態に、政府や自治体はどんな手を打っているのでしょうか？

まずは、定員弾力化が挙げられます。ここ数年、すでにある保育園が定員オーバー状態まで受け入れることで待機児を吸収してきました。認可保育園はたいてい最低の面積基準（子ども一人当たり）よりもゆとりをもって広くつくられています。そのため、あらかじめ決めていた定員を上回って子どもを受け入れても、すぐには最低基準に違反しません。子どもの数が従来より二五％くらい多くなっている園も少なくありません。

保育園の新設も進められています。認可保育園をふやしやすくするために、二〇人定員の小規模園を認めたり、株式会社による経営を認めたりする規制緩和も行われました。学校の空き教室や、廃園になった公立幼稚園を保育園にしたという例もあります。

こうして毎年四万人を超える受け入れ増が行われているわけですが、まだまだ希望者がふえるとすれば、これからも保育園をふやし続けなくてはなりません。

認可保育園は国や自治体から運営費が出されているので、国や自治体がこれをふやすためには新たな予算が必要になります。ところが、不況でどこもかしこも財政難。こんなことになるのなら、バブルの時代にもっと保育園を整備しておけばよかったのにと思います。

規制緩和を進めている政府の委員会などでは、少ない財源で数がふやせるようにと、認可保育園の最低基準をさらに引き下げることなども検討されているようですが、みんなが認可保育園を希望するのは、その質を信頼しているからこそなので、あまり無謀な対策でも困ります。

ここまで見てきたように、共働きを基本スタイルにした社会に変わっていくのであれば、保育園にもっとお金をかけていくという考え方をするほかありません。

空きのある保育園・地域もある

待機児問題は確かに緊急課題ですが、実はこれは都市部の問題です。地方では、子どもの数が減り、保育園の存続が危ぶまれているところさえあります。そういう地域では、子どもが集団で育つ場所としての保育園の存在がとても重要になっています。

テレビや新聞で「保育園が満員」と繰り返し報道されるので、再就職を考えている人の中には、最初から「保育園は無理」とあきらめている人もいるようです。都市部でも、保育園の空き状況は、一つ一つの園、年齢クラスによっても違っていますので、情報収集が必要です。

混んでいるのは、保育士の人数が必要なため定員枠が小さい低年齢児（ゼロ〜二歳児）です。入園時期でも事情は違っています。毎年四月は、年長児が卒園したあとなので、どこでも園児募集があり、年間でもっとも保育園に入りやすい時期です。

親の働き方によっても、入園の難易度は変わってきます。東京都が一九九七年について調査した結果「データでみる東京の保育」（一九九九年）では、四月時点での待機児について保護者の働き方を調べると、四六％が短時間常勤（パート）・非常勤、三六％が求職活動中、一二％がフルタイム（自営も含む）でした。フルタイムで働く親の子が優先的に入園できるためにフルタイムの待機児は少なくなっています。ところが、同年一〇月には、フルタイムも倍の二三％にふえていました。この数字を見ると、四月では、フルタイムはかなり確実に入園できており、パートや求職中の人にもチャンスがあった、しかし年度はじめで多くの保育園の定員が埋まってしまい、一〇月になると、フルタイムにも待っている人がふえていった、当然、パートや求職中の人たちは入れるチャンスが相当に少なくなっていた、ということがわかります。なお、これは東京都全体での数字ですから、自分の地域、目の前の保育園の状況はまた別だと考えて、あきらめずに調べてみる必要があります。

保育園の選び方や入園申請についてては、第三章でくわしく説明します。

いろいろなサービスが誕生する中で、保育園入園はどうなるか

認可保育園の受け皿は、これからも拡大されていくでしょう。一方、出生率の低下で子ども数全体は減ってきていますから、入りやすくなっていくはずです。実際、これまで待機児の受け皿となっていた都市部の認可外保育園の中には、年度前半の定員割れに悩むところもふえてきています。一方、東京都などでは、認可外保育園に対する自治体独自の助成制度の枠を広げています。

三歳以上では、幼稚園が保育時間を延長して預かり保育を行うところもふえています。こういったものの中から質のよいものを選べば、認可保育園以外の施設を利用して保育をつなぐこともできるようになっています。

ただし、待機児の多さに着目して事業進出してくる認可外保育園の中には、保育の経験が浅かったり、利潤追求に片寄った不十分な保育をしていたり、善意でやっていても人手が足りなくて危険な保育をしているところがあるのも事実です。

いろいろなサービスができてくるこれからの時代、子どもにとって大切なことは何か、よい保育とは何か、親も勉強して施設を選ばなくてはなりません。次章でふれるように三歳児神話は崩れましたが、乳幼児期が人格形成の大切な時期であることに変わりはないのです。

第二章　共働き子育ての、こんなところが不安

共働き子育ての不安1　子どもを預けるのはかわいそう

「母がいちばん」という大人の思い込み

母親はいい意味でも悪い意味でも、それぞれの人生に大きな意味をもって存在しています。特に男性が母親について語るとき、自分自身が幼かった時代へのノスタルジーに引っぱられます。そんな自分の母親に対する思いから、子どもを預けることに反対する男性も多いでしょう。しかし、冷静に客観的になって考えてみる必要があります。

子どもを預けるのは、本当にかわいそうなことでしょうか。

少し前までは、「三歳までは母親の手で」という三歳児神話が信じられてきました。「三歳未満児を保育園に預けたら、大きくなってから非行に走る」などという短絡的な言葉さえ堂々といわれてきたのです。

「三歳児神話」はどこからきたのか

三歳児神話は、ヨーロッパの研究がもとになったといわれています。よく参照されるのが、スピッツとボウルビィの研究です。

戦後まもない一九四五年、精神分析学者のスピッツは、早い段階から母親と離されて乳児院や孤児院、小児科病院等の施設で育った乳幼児に精神発達の遅れが発生しやすいことに注目し、この心身発達障害を「ホスピタリズム（施設病）」と呼ぶ学説を発表しました。

また、一九五一年、児童精神医学者ボウルビィは、ＷＨＯ（世界保健機関）の委託を受けて、生後三年間を母親から引き離されて施設で育った子どもと、施設経験のない子どもを比較する調査を行い、「母性喪失」が子どもの発達に悪影響を及ぼすとする調査報告を提出しました。ボウルビィはこの報告の中で、乳幼児が親密で継続的で満足感を覚えるような母親との関係を得られなかった場合には、その身体的、知的、情緒的、社会的発達が停滞し、人格形成に重大な影響を受けると力説しました。

こういった学説が日本でも紹介され、折しも高度成長期、専業主婦家庭がふえる中で、三歳児神話は説得力をもって広がっていったのです。

しかし、ボウルビィの調査対象となった子どもたちは、戦渦による不幸な境遇にあり、施設の条件も悪く、看護婦一人で一五〜二〇人の子どもの世話を機械的にするようなところだったといわれています。条件の整った施設に家庭から通っている日本の保育園児の状況とはまったく違っていたのです。また、ボウルビィ自身が「母親以外の養育者が母親と同じような方法で継続的に養育できる場合には悪影響はない」とも主張していたことはあまり知られていません。

日本の保育園の水準はかなり高い

日本の認可保育園の保育は先進諸国の中でも、高い水準にあります。施設や人員に関する基準があって、そのための運営費が国や自治体から補助されているからです。

保育に当たるのは専門教育を受けた有資格者（保育士）で、その人数もゼロ歳児なら三人の子どもに一人の保育士、一〜二歳児なら六人に一人の保育士というように最低限の人数比率が決められています。

この認可保育園制度の歴史は半世紀以上続いており、保育の理論や実践について研究が積み重ねられています。幼稚園の教育要領に当たる「保育所保育指針」という指針があり、子どもの発達段階に応じてどんな保育を心がけるべきかが明らかにされています。

認可外保育園の場合はいろいろなものがあって、ひとことではいえませんが、良心的な施設では、小規模の強みを活かして家庭的で質の高い保育を実践しているところもあり、近隣の認可保育園よりも評判のいいところもあります。

家庭の親子関係の中で育まれながら、日中に条件が整った施設に通う日本の保育園児たちを、前述のスピッツやボウルビィの研究の対象となった子どもたちと同じように考えるのは正しくありません。多くの場合、ボウルビィが必要だと主張した母性的な養育は保育園でも足りていると考えられます。

保育園育ちの子ども（大人）がふえてきて、子どもの育ちについてさまざまな調査もされましたが、保育園育ちだから特別に問題があるという結果はありません。特に、乳幼児の発育についての追跡調査を報告した一九九〇年の「大阪レポート」（服部祥子・原田正文『乳幼児の心身発達と環境』に収録）は大規模な調査で知られ、「母親の就労が子どもの発達に悪影響を及ぼすことはない」という心強い報告が書き込まれていました。『平成10年版厚生白書　少子社会を考える』で「三歳児神話には、少なくとも合理的な根拠は認められない」と明言されたことも、公の刊行物であるだけに画期的なことでした。

もちろん、すべてのケースに「大丈夫」というハンコが押せるわけではありません。子どもに目が届かなくて事故を起こしたり、保育者が子どもを虐待していた劣悪な保育施設もあります。乳幼児期が人格形成の大切な時期であることは、否定されたわけではないのです。親が保育者の質や生活環境を見極めて、子どもが安心できる保育施設を選ぶことが大前提です。

保育園に預けたとき、親が最初に感じること

さて、実際に子どもを保育園に預けるときの実感はどうなのでしょう。

最初のうちは、集団生活であるがゆえの制約や習慣になじめないこともあるかもしれません。

わが子がほかの子どもといっしょに避難カー（柵で囲った押し車、子どもが柵につかまって乗

る）に乗っているのを見て、「オリに入ってる！」と衝撃を受けたママもいます（でも、子どものほうは避難カーが大好き）。

やがて保育園に慣れてくると、子どもはお友だちと保育園で過ごすことを楽しむようになります。仕事が早く終わる日などがあれば、ちょっと早めに保育園をのぞきに行ってはどうでしょう。家では泣き虫のわが子が、立派にお友だちとおもちゃを取り合いっこする姿が見られるかもしれません。

私自身、早めのお迎えに行ったとき、日が傾いた保育園で、子どもたちがまだまだ元気に走り回っている姿に感動したものです。考えてみれば、大都市の街中にはこんなに子どもが群れて遊ぶ姿は見られません。それも、こんなに長い時間たっぷり遊べるなんて！　忘れてしまっていた子ども時代をほんのり思い出しました。

連絡ノートで保育士さんと子どものようすをやりとりしていると、親以外の大人からも愛されている子どもを「幸せだなー」と感じたりもします。

預け始めの「大泣き」が最初の試練

そんなふうに親自身が保育園を気に入ることができたら、しめたものです。親が保育園を信頼していると、子どもも安心して保育士さんに身をゆだねます。

とはいえ、預け始めはどうしても泣かれてしまうことが多いでしょう。保育士さんに抱きとってもらって去ろうとすると、親のほうに手を伸ばして大泣き。それを振り切って逃げるように保育園を出ると、なんだか子どもにひどい仕打ちをしているようで、自分が悪い親になったような気がするものです。

なぜか保育園で泣いている子どもには、悲愴感がただよいます。「預けられている」という看板を背負っているようです。だけど、ちょっと考えてみたらおかしなことです。幼稚園に慣れなくて泣く子どももいますが、幼稚園児のお母さんは「幼稚園に行かせる私が悪い」とは考えません。三歳児神話の後遺症もあって、働く母はなんでも自分のせいにしてしまいがちです。本人だけではなく、周囲からも「ほらね。あんな小さい子どもを預けるから……」という目で見られたりするので、なおさらです。

自分たちで選んだライフスタイルだから、力を合わせて乗り切ろう

子どもを預けて働くというライフスタイルを選んだ以上、子どもに保育園に慣れてもらうというプロセスは避けて通れません。ある園長先生に、「泣いている子どもを保育園に預けるときの罪悪感」についてたずねると、おおらかに笑いながらこんなふうに話してくれました。

「子どもにとっては、いっときの試練ですけれど、試練のない人生なんてありません。それを乗り越えたら、保育園が大好きになりますよ。大丈夫。ずっと慣れないお子さんなんていませんん」

確かに、そのライフスタイルは親が勝手に選んでしまったもので、子どもにとっては青天の霹靂《へきれき》かもしれません。子どもが一時的にでもつらい思いをしているのに、親が見て見ぬふりでいいというわけでもありません。でも、ママとパパは二人で働きながらこの社会を生き抜いていこうと決めたのですから、子どもにも協力してもらうんだ、いっしょに試練を乗り越えるんだ、と考えましょう。

共働き子育ての不安2　仕事が一人前にできない

残業できない社員はいらない、と言われて

Yさんは大手百貨店に勤めて、二九歳で出産。仕事が大好きで、出産前は家庭用品フロアの一角に若手アーティストの焼き物などを扱う売り場を企画して固定客をつかむなど、馬力のある仕事ぶりで高い評価を受けてきました。

でも、妊娠がわかると、予定されていた昇進が中止になるばかりか、上司は復職してきた彼女に「残業できない社員はいらない」と断言したのです。確かに、これまで評価されてきた仕

事も、店が閉まってから動けたからこそできた部分もありました。子どもが生まれて、保育園のお迎えに駆けつけなくてはならない身では、以前のようには働けません。それでもYさんは会社に踏みとどまりました。子どもが小学生になったとき、関連会社の大手専門店に出向。小学校六年生になったときには昇進して、念願のバイヤーとなりました。入社してから一八年がたっていました。

「スーパーキャリアママ」以外は生き残れないのか

「女が外で働くこと」がめずらしかった時代が終わり、「女が結婚しても働き続けること」がめずらしかった時代が終わり、「女が子どもを産んでも働き続けること」がめずらしかった時代も終わろうとしています。

いろいろな職域で女性が働くことが当たり前になった今、「女性の社会進出」という言葉は死語になりました。

同じように「ワーキングマザー」という言葉も光を失っています。働く母親が当たり前になったからというわけではなく、この言葉が象徴したものが、陳腐化してきたためではないかと思います。

男女雇用機会均等法第一期生・総合職の女性たちが子どもを産み始めた一九九〇年代半ば、この言葉は輝きの頂点にありました。このときマスコミは「出産後もキャリアを継続する能力ある女性」という攻撃的なイメージを打ち出して「ワーキングマザー」を応援しようとしました。働く母親自身、この言葉を誇らしく感じ、子どもを預けて働くことのネガティブなイメージを覆す表現として歓迎しました。

しかし、それはやがて、母親社員たちの重荷になりました。「ワーキングマザー」という言葉がもつ成功者のイメージが、残業ができない、子どもの病気で仕事を休む母親社員たちのストレスになっていったのです。なぜもっと普通に子育てと仕事の両立ができないのか、なぜそれはいつも「マザー」だけの十字架なのか、そんな疑問が母親たちの心にわだかまりました。

これまでスーパーキャリアママとして評価された女性の多くは、実家（子どもの祖父母）の支援を受けられる人々でした。Yさんのように、実家からの援助はなく、保育園の送り迎えを自分でしながら、という場合、会社からはなかなか芳しい評価が得られなかったのです。Yさんも、私が出会った「働く母」の中で特別に馬力のあるタイプですが、たどってきた道は長い「マミートラック」（母親専用車線。働き方がゆるやかなぶん、昇進がない、遅いコースのこと）でした。

能力があって、その能力を発揮できる時間的環境に恵まれたスーパーキャリアママの活躍は、「能力のある女性は産んでも男並みに働くものだ」という誤解を生みました。

今、「働く母親」像は、もっと等身大になってきたといえます。「働く母親」という言葉が、父親も含む「働く親」という言葉に置き換えて語られ始めた部分もあります。仕事と子育ての両立は、特別な女性にしかできないものであってはならないし、子育ては母親だけの責任でもない、という当たり前のことが、「共働き化」の時代を迎えて真実味を帯びてきたと思います。

男性と家庭との関係が変わりつつある

子育てに時間をとられる男女の会社における立場がよくなるために、男性の家庭責任はもっと大きくなってほしいと思います。「子育て期はお互いさま」的な、子育てに対する意識の切り換えが必要です。

世間では今、父親が積極的に子育てにかかわることの大切さが繰り返しいわれています。いわれたからといって、すぐにそうなるものではなく、今も専業主婦のいる家庭においてはもちろん、共働き家庭においても、家事・育児は圧倒的に妻が背負っているのが現実です。

でも、時代は確実に変化していきます。

私が第一子を産んだ一九八七年ごろ、都心のデパートで買い物をすると、小さい子ども連れの家族は必ず母親が子どもを抱いていました。ところが今では、たいてい父親が抱いています。だっこヒモやバギーを押す姿もなじんできました。デパートの休憩コーナーで赤ちゃんを膝にのせ、その柔らかい髪の毛に顔をうずめて幸せそうに座っているお父さんを見ると、時代は変わったと確信します。この変化は、今後も続いていくでしょう。

少し前までは男性は「妻の出産で会社を休む」ことさえ笑われた風潮がありましたが、今は会社を休んで出産に立ち会うことはごく当たり前の感覚になってきました。次は、父親社員が保育園のお迎えのために定時に会社を飛び出すことも、子どもの病気で会社を休むことも、もっと当たり前の風景になっていくのではないでしょうか。

「一人前に働く」ってどういうこと？

子育てノーマライゼーションが進んだとしても、現実に机を隣り合わせて働く関係の中では、育児休業をとれば、その期間は担当の仕事を誰かにカバーしてもらわなくてはならないし、復帰してきても残業はできない、子どもの病気で休む、ということを受け入れてもらわなくてはなりません。

また、発想のよさや集中力だけで勝負できる仕事ならまだしも、仕事の実績はやはり時間に比例する部分も大きいものです。子育てのために担当できない仕事があったり、こなせる量が減ったりということは、誰にもしばしば起こります。

こういった限界やペースダウンは、職場ではなかなかポジティブにはとらえられにくいでしょう。その職場だけの短期の成果だけで見れば、やはり「迷惑」と思われてもしかたありません。子育てノーマライゼーションによって、たとえ「お互いさま」的な考えが広まったとしても、このことは子育て社員やその周辺にとって、多かれ少なかれ悩みであり続けるはずです。

しかし、この悩みはこれからもっと普遍化して軽くなっていくでしょう。みんなが子育てのために仕事を削ったり休んだりするという前提になれば、それなりの職場の体制づくり、意識の変化が進むはずです。「家庭の都合を職場にもち込む」のは母親社員だけではなく、父親社員も同様。独身者は相変わらず、「これだから子もちは困るよ」と言うかもしれませんが、その「子もち」には男性も含まれるのです。

「必ず残業をする」「家庭の都合で仕事を休まない」という働き方が「一人前に働く」ことだと考えるかどうかは職場風土にかかわる問題ですが、職場風土は働く人たちの意識によっても変わっていきます。

子どもが生まれて定時帰りになった母親社員たちの多くが、「日中に集中して仕事をしている。自分は無駄な残業手当をとらない効率のいい社員だと思う」と話しています。仕事の時間に区切りをつけて働くことは、会社にもメリットがあるはずなのです。

子育てが仕事にもたらすメリットもある

子どもを育てるというのは、遠大な仕事です。私は、子どもが生まれてしばらくして、人生がまったく新しいステージで再スタートしたことを感じました。それほど、子育てはたくさんの体験に満ちているのです。「子育て体験で視野を広げることは仕事にも役立つ」とよく言われますが、仕事から多くを学べる人は、子育てからも多くを学ぶことができるというのは確かです。

子育て体験が役立ち「生活感覚が身について、商品企画に役立った」「子ども関連の新ビジネスを開発した」という例はワーキングマザーの取材記事でも見聞きしますが、私はもっと基本的なところで「人格」そのものが育てられるという面があると思います。コミュニケーションや信頼関係が武器となる仕事の領域では、それがプラスになります。

ここまで書いてきたように、子育て期は一時的に仕事がペースダウンせざるをえないのが一般的です。しかし長い目で見れば、それは一時期のことです。

「仕事に制約がある時期に鍛えられた人は、その時期を過ぎて思いっきり働けるようになったら、以前にまして力を発揮できるはず。子育ては『大リーグボール養成ギブス』のようなものです」

と、「保育園を考える親の会」のセミナーで話して私たちを勇気づけてくれたのは、新聞記者として女性労働関係の記事を書いてこられた竹信三恵子さんでした。そう、ある日ふと身が軽くなっている自分に気がつくときはあるはずです。でも、それは「子離れ」というさびしさを伴うものでもあるのですが。

それなりのスキルや資質をもち、周囲から認めてこられた人は、一時期でもペースダウンはしたくないかもしれませんね。子どもが健康で、自分に気力と体力があって、実家もしくはパートナーのサポートが得られるか、あるいはそれに代わるサービスをお金をかけて手配できれば（第三章参照）、今までどおりに働くこともできるでしょう。子どもとの関係、家庭環境を安定したものにする工夫さえ忘れなければ、子どもはしっかり育ってくれると思います。

共働き子育ての不安3　あたたかい家庭がつくれるか

共働きの子育てはあわただしいけれど

子どもが生まれたら、妻はゆったり家で子育てをして、夜は仕事から帰った夫を笑顔で迎え、夫は夕食の準備ができるまで子どもとたわむれる……テレビドラマに出てくる「あたたかい家庭」のイメージとはこんな感じでしょうか。

保育園に子どもを預けて共働きをしている母親か父親に「あたたかい家庭生活を送っていますか？」とたずねたら、困惑してしまうかもしれません。

特に、子どもがまだ小さくて、二人ともフルタイマーの会社勤めという夫婦なら、「毎日がバトルよ！」と言うでしょう。私自身、子どもが小さいときは、会社で仕事と戦い、家庭で子どもや夫と戦い、という毎日でした。仕事・子どもとの戦いは「その要求を満たす」という意味ですが、夫との戦いは本当に戦いでした。家事分担や子どもの病気のときに、どちらが休むかでケンカばかりしていたのです。

確かに、共働きの子育てはあわただしいのが常です。平日は帰宅後、子どもにまとわりつかれながら夕飯をつくり、食べさせ、お風呂に入れて寝かせるのに休んでいる暇はありません。休みの日も半分はたまった家事を片づけるので終わります。「あたたかくてくつろげる家庭」という言葉に、もしも優雅さをイメージしていたら、現実はほど遠いかもしれません。

でも、家族が殺伐《さつばつ》としているかというと、そんなことはありません。

会社勤めで共働きをしてきて、子ども二人が小学生になった母親がこんなふうに言いました。

「わが家はいつも散らかっているけど、夕飯のときには家族四人の団欒《だんらん》がある。それぞれが仕事や学校に出かけ、別々の世界から帰ってくるんだけど、家族は結束しているのよね。保育園時代から、親にとっても子どもにとっても、家はずっと『帰ってきてほっとする場所』だったから」

家の中を片づけて待っていてくれる人がいなくても、家族の団欒はもてます。全員が外から帰ってくる生活はあわただしいものですが、そのぶん家族が求め合う部分が強くなることもあります。

夫とケンカばかりしていた私としては、夫婦ゲンカで子どもを不安にしたことは申し訳なく思っていますが、夫とはたくさんのことを共有してきました。ともに働き、子育てをしてきた「同志」のようなものになったと思います。

「あたたかい家庭」幻想にまどわされないで

「あたたかい家庭」という言葉に、どんなイメージをもつかは人それぞれです。でも、男性の場合、「妻が夕飯をつくって帰りを待っていてくれる」というイメージをもっている人が圧倒的に多いと思います。家庭は、仕事の疲れをいやしてくれる場所で、妻はそのために家をきれいに整え、身の回りの世話をしてくれる、と。女性のほうも、そんな役割を果たしながら、家の中で家事や子育てに専念する平和な暮らしを望んで、専業主婦になる人が多いでしょう。

こういった双方の思いがうまく一致すれば、外で仕事をする人と家庭を守る人という分業が成立します。今までは、それが当たり前とされ、それこそが「あたたかい家庭」とされてきました。でもこれからは、男女の意識が変わって外と内という性別役割分担をあえて選ばないカップルがふえるし、選びたくても経済的理由から選べないカップルもふえるでしょう。その結果、家庭に家事・子育てに専念する人がいなくなったとしても、「あたたかい家庭」がつくれなくなるわけではないと思います。

そもそも「家庭」とは、掃除された部屋とか、アイロンのかかった服とか、手をかけた料理のことではなかったはずです。家族の関係そのものが「家庭」です。「あたたかい」と感じるかどうかは、その家族の関係の中にあるものです。いつも仲がいい関係が「あたたかい」というものでもありません。ときには言い争う関係であっても、お互いの存在を認め合えて、そのしがらみの中に自分の居場所を見つけられるときに「あたたかい」と感じるのではないでしょうか。

家で待っている人がいなくても、家の中が汚くても、ワイシャツはクリーニングに出すばかりでも、夕飯がスピードメニューでも、家庭から「あたたかさ」がなくなったりはしません。共働き子育てをする母親は、ときとしてこんなことでコンプレックスをいだきがちですが、それは「あたたかい家庭」幻想にとらわれているのだと私は思っています。

保育園時代の子どもとの関係をどう築く?

家庭の「あたたかさ」は形で整えるものではなく、家族の関係だということを書いてきました。では、家族の関係は日中をばらばらに過ごす共働き家庭でも、ちゃんとできていくのでしょうか。

標準的な会社勤めの共働き家庭では、子どもを保育園に週五日、一日一〇時間程度預けています。そうすると勤めのある日、起きている時間の中で子どもと接する時間は四〜五時間しかありません。そのうちのほとんどは親が何か用事をしていて、子どもとじっくり向き合うのはお風呂の中や寝る前の添い寝の時間だけだったりします。それでも、子どもは「保育園の子ども」にはなりません。親がお迎えに来ると保育室を飛び出していく子どもを見て、保育園の先生たちは「私たちがこんなにかわいがっているのに、やっぱりお母さんがいいのね」と笑います。

私が主宰する「保育園を考える親の会」には、こんな家庭が集合しています。親たちは仕事や子育てにいろいろな悩みをもっていますが、保育園に支えられながら、しっかり親子関係を築けている家庭が多いと思います。

でも、どんな暮らし方でも大丈夫かというと、やはり親として意識して軌道修正をしていかなくてはならない場合もあると思います。家庭で過ごす時間の短さに不安をいだく親たちは「いっしょにいる時間の長さではなくて、質だよね」と声をかけ合っていますが、「質」をつくるにはやはりある程度の時間は必要です。そして、親の心のゆとりも必要です。

ある母親はこんなふうに言っています。

「保育園の延長保育を利用してフルタイムの仕事をしてきました。子どもとの関係は『接する時間の長さ』よりも『質』という考えには変わりありません。でも、その『質』を生み出すのもたいへんです。働く時間を短くするしくみづくりが必要だと思います。また、午後五時過ぎに帰れても、職場のストレスを家にもち帰ってしまう状況では、子どもと向き合うのはきついです」

長時間保育をする場合の具体的な生活術については、あとの章でくわしく書きますが、私が接してきた親たちは、忙しければ忙しいほど、お風呂や布団に入る前の時間などに意識的に子どもとふれ合う努力をしているという印象があります。子どもといっしょにいる時間の「質」を大切にしたい……長く離れているからこそ、自然にそう思えるのだと思います。

共働き家族の子どもが「家庭」を感じるとき

保育園時代は、子どもにとって、家庭の代わりの保育園で過ごす時間と、家庭で過ごす時間のどちらかしかありません。だから、子ども自身が「家庭」とか「家族」を強く意識することは少ないのではないかと思います。

でも、小学校に入ると、自分の足で「外」の学校に行き、学童保育へは「ただいま」と帰るものの、そこからまた自分の足で家に帰ってきて一人で留守番をしたりもします。しかも、母親がいつも家にいる友だちがいることも知ります。保育園時代と違って、まわりは共働きばかりではないのです。

家庭や保育園ではない外の場所を経験し、家の中で一人でいることも経験したとき、子どもはきっと「家庭」や「家族」を改めて感じるのだと思います。

そういう意味では、「あたたかい家庭」という言葉が働く親にとって再び重みをもってくるのが、小学校入学の時期だといえます。子どもが一人で家に帰り、鍵を開ける姿を想像するといたたまれなくなって、保育園時代はいろいろな無理を通して仕事を続けてきたのに、子どもの小学校入学を前に退職してしまう母親も少なくありません。

小学校入学時期の生活術については、やはりあとの章でくわしく書きますが、ここでは家庭観のヒントを書いておきたいと思います。

親が留守にしている間の不安やリスクを減らすために、学童保育などの制度の充実が不可欠ですが、学童保育が充実しても、子どもにとってある種のさびしさは残ると思います。でも、そのさびしさはあってはならないものでしょうか。

「保育園を考える親の会」のオリエンテーション「はじめての学童保育」に講師としてお招きした野中賢治先生（文京区児童館館長、学童保育指導員研修講師）は一年生の「さびしさ」についてこんなふうに話されました。

「私は、子どもが『さびしい』と感じることをネガティブに受け止めることはないと考えています。それどころか人間にとって『さびしさ』とか『悲しさ』『つらさ』などは、『うれしさ』や『楽しさ』『面白さ』と同じくらい価値があると思っているのです。

人間は誰でも必ず、いずれは死や別れに出合います。ですから『悲しさ』や『さびしさ』などを、人生の中で必要なこととしてきちんと受け止めなくてはならないし、それができてこそ、他人の感情を理解し、いっしょに支えてあげられる気持ちになれるのです。

ですから、四月のはじめの子どもがもっているそんな『さびしさ』に、単に後ろめたさだけを感じることはありません。生活の中にあるもので、子どもでも引き受けなくてはならないことなのですから。ただしその場合、親が子どもの感情をしっかり受け止めようとすることは必要です」

本当にそのとおりだと思います。

親が二人で働くという暮らし方を選んだことを、子どもに説明して協力してもらうというプロセスも必要かもしれません。子どもには多少のがまんを強いることになるかもしれませんが、親が心を向けてくれていることがわかっていれば、子どもなりに乗り越えていきます。

「心を向ける」というのは抽象的ですが、具体的に言うとすれば、子どものようすをほどほどに気にかける（神経質にチェックするのではなく）、子どもが特別困っていることがなくても気軽によもやま話ができる時間をとる（話を聞いても説教はしない）、子どもの能力が整わないうちは学校の連絡事項に注意を払い、子どもが学校で困らないようにフォローする、などなどです。当たり前のことですが、共働きだと、つい忙しさにかまけて子どもが置いてきぼりになっていることもあります。

共働き子育てで、「家庭のあり方」が気になるとすれば、私は保育園時代よりも小学生時代ではないかと思います。どうしても手をかけざるをえない乳幼児の時代は必然的に子どもとふれ合いますが、子どもが成長して身の回りのことが自分でできるようになると、親は安心してつい心を向けるのを忘れてしまいがちです。

一方で、専業主婦家庭の子育てには別のリスクがあります。物理的に手がかからなくなると、家庭で時間があるぶん、子どもに目が行き過ぎ、過干渉になってしまうというリスクです。

どちらのリスクも親の意識しだいで避けられるものだと思いますが……。

「あたたかい家庭」は家族の関係の中にあるということは、ここでもいえます。子どもが家に帰ったとき、親が家にいなくても、関係はつなげておけます。

ただし、その関係は子どもが成長していくにしたがって少しずつ変化していきます。愛情をかけるという情感的なものだけでなく、理解や信頼という家族としてのパートナーシップをもてる関係になっていかなくてはなりません。

子どもは学校という社会の人間関係の中で精いっぱい生きています。親はそれを見守り、子どものいろいろな思いを受け止めていくことが必要になることを、私は体験の中から感じています。

共働き子育ての不安4　何がデメリットかよくわからない

デメリットとメリットを夫婦でいっしょに認識しよう

子どもを産んでも共働きを続けるかどうか迷っている人、子どもが小さいうちから再就職をするかどうか迷っている人、これから共働き子育てをしていくことは決まっているのだけれど不安な人、そんな人たちには、「大丈夫、大丈夫」と背中を押してあげたい気持ちです。でも、共働き子育てでみんなが苦労していること、つまずいていることはどんなことか、知っておくことは必要です。

ここでは、共働き子育てに考えられる一般的なメリットとデメリットを挙げてみます。一つのことが人によってメリットになったりデメリットになったりするし、「自分はまったく該当しない」というものもあるとは思います。

まずは、デメリットから。

［デメリット］

- 家事をする時間が減り、掃除が行き届かなくなったり、洗濯物をクリーニング店に頼むことがふえる。休日が忙しくなる。家事をきちんとしたいと思っているとストレスにもなる。
- 子どもを保育園に預けなくてはならない。子どもといっしょに過ごす時間が減る。
- 子どもの預け先をよく選ばないと、子どもの命にかかわることがある。
- 家庭での時間が短いので、忙しすぎると子どものことに十分に意識が回らないこともある。
- 子どもに特別な英才教育をしたい場合は時間的に難しい。
- 地域とおつきあいする時間が減る。ＰＴＡや子どもの友だちの家庭とのおつきあいなどの時間がとれないこともある。

●片方が「家庭を顧みない働き方」をしていてはうまくいかない。家庭の状況に合わせて仕事量の調整が必要になる。その結果、キャリアに響く場合もある。

［メリット］

●経済的に安定する。二人ともそれなりの所得があれば、裕福にもなれる。
●夫婦がともに仕事をもち、収入を得て、家事・育児をすることで、共有できるものが多くなる。
●子どもと離れている時間が長く、子どもと距離をおけるぶん、過干渉になったり余計な不安をかかえたりすることが少ない。
●子どもが保育園で育つことのメリットを享受できる（198ページ以下参照）。
●保育園での親同士の助け合いなど、密な地域関係を得られるチャンスもある。
●家庭にいるよりも、社会参加することで人間関係も広がり、精神的に安定する。
●夫も転職をしたり、教育を受け直すなど、夫婦がお互いに生き方の自由度を高めることができる。
●性別役割分業の場合の不平等感をもたずにすむ。

このほかにもあるでしょう。

デメリットのいくつかは、デメリットと理解していれば、そうならないように努力することも可能です。反対に、メリットのいくつかも、メリットとして享受する気持ちがなければメリットになりません。

こんなことをここに書くのは、ライフスタイルを選ぶための判断材料にしてほしいということもありますが、できれば夫婦二人で考えて共通認識にしてほしいということもあります。いろいろなトラブルに出合うとき、妻と夫はお互いの責任を押しつけ合ってしまうことがあります。共働きで子育てするという選択がどういうものかをきちんと理解して、「これは夫婦で協力して乗り越えていかなくてはいけないことだ」というコンセンサスをつくっておきたいものです。

共働き子育ての不安5　母親だけが責任を負うのか

共働き夫婦の家事・子育て責任は均等

結婚した男女が家庭の家事・子育てについてもっている責任は、もともと均等であるはずと私は思っています。専業主婦家庭では、妻が夫のぶんの家事・育児を引き受ける代わりに、夫はもっぱら外で働いて家計のための収入を得てくるという形で、意図的に特化した役割分担をしているにすぎません。

共働きでは、これをいったん元の均等な形に戻して考えるとよいと思います。もちろん、共働きでも、どこかで線引きをして分業する部分もあっていいわけですが、「元はどちらにも責任があるけれど、話し合って分担を決めていこうね」という意識をもてることが必要です。

私は、産前産後休暇・育児休業期間中に子どもの保育園探しをしました。いざ調べてみると、思っていたよりも状況はずっときびしいことがわかり、ショックを受けました。絶望的になっている私の前で、仕事から帰ってきた夫がのんきにテレビを見ていたので、思わず「どうして私だけが悩んでいるの！」とキレてしまいました。今思えば、夫にはいろいろ愚痴は言っていたものの、正面からいっしょに考えようと誘ったことはありませんでした。夫は私にまかせたつもりでいたのでしょう。夫は毎日残業でしたから、分担しろと言われても無理でしたが、それにしても、もう少し情報を共有していればよかったと思いました。

最近は、保育園探しにも父親が積極的にかかわるようになってきたと思います。「保育園を考える親の会」が毎年冬に開くオリエンテーション「はじめての保育園」は、以前は母親ばかりの参加でしたが、今は夫婦での参加が多くなっています。保育園の見学も、夫婦で回ったという人もいました。実際に動くのはどちらか一方でも、情報や問題意識を共有することはとても大切だと思います。もちろんこれは共働きに限ったことではありませんね。

育児休業をとる場合は、分担に注意が必要です。夫婦二人だけのＤＩＮＫＳ時代というのは、家事も少ないし、子育てがありませんので、家事分担といっても笑顔でできる範囲です。妻だけがやっていても、大した負担感はありません。

ところが、子育てが加わるとのっぴきならなくなってきます。そこで、どうしても二人で分担することが必要になってくるわけですが、このときに育児休業期間のライフスタイルが尾を引くことがあります。

育児休業期間は、育児休業をとったほうが一時的に専業主婦（主夫）になりますので、家のことのかなりの部分をやってしまいます。そのままの状態で復職すると、たいへんなことになってしまいます。復職前に体制のつくり直しが必要です。

専業主婦から共働きになる場合の分担について

妻が専業主婦から再就職をしようとするときのハードルは高いですね。夫に「家事・育児にしわ寄せがいかない範囲で働くならいい」と言われてしまう人もいます。

確かに、妻が時給パートで扶養控除の範囲内で働く場合、夫の収入の四分の一あるいはもっと低い収入になってしまうし、妻のほうが勤務時間も短いので、「分担を均等に」とはなりにくいでしょう。でも、夫から「家事・育児にしわ寄せがいかない範囲で」と指定されて働くのもおかしなものです。それを妻も望むのであればよいのですが、本当はもっと働きたいと思っているのなら、それを一方的に制限する権利は夫にはないはずです。

どちらにしろ、パートタイマーでも妻が外で働くようになれば、分担の修正は必要です。お互いの時間、労力を出し合って、家庭生活がうまく回っていくように協力し合う必要があります。私のまわりの働く親たちを見ていると、フルタイマー夫婦は家事・育児をある程度分担できている場合が多いのですが（それでも妻のほうが多い）、妻がパートタイマーの夫婦は専業主婦家庭とあまり変わらない分担になっている場合が多いようです。

特に夫が残業の多い企業戦士タイプですと、とてもこれ以上夫に負担はかけられないということになりがちです。また、残業を削ったり、子どもが病気のときに休んだりすることを夫に求めると、結局夫の昇進・昇給に響いてしまい、妻がパートで頑張っても、夫が企業戦士として得るはずだった収入は取り戻せないかもしれないという心配もあります。

これはそれぞれのライフスタイルですので、どうすべきということは言えません。ただ、女性の賃金の低さ、就労機会の制約がライフスタイルに影響を与えていると思うと、悔しい気持ちがします。これは社会全体の問題でもあります。

ところで話はずれますが、専業主婦の守備範囲というのは、本当はどこまでなのでしょう。

今、専業主婦家庭が「子育て困難」をかかえているといわれています。核家族で隣近所との関係が薄くなってしまった中で、母親の子育てが孤立していることが原因だというのです。では、母親と同じだけ子どもに対して責任を負っているはずの父親の存在はどうしたのでしょう。専業主婦家庭といえども、家事・育児のうち、育児は分担方法に配慮が必要なのではないでしょうか。子どもは従来、たくさんの大人に囲まれて育ってきたはずです。こんなふうに考えると、夫婦の収入の多寡にかかわらず、子育ての部分だけはできるだけバランスよく分担していったほうが子どもにとってもよいのではないかと思われます。

共働き子育てというライフスタイルを選ぶのであれば、この機会に「これは二人で決めたこと」という確認をしてください。もともとの責任は半分ずつです。家庭にかかわるいろいろな事柄は二人で乗り越えていかなくてはなりません。そのスタートラインを確認することはとても大切だと思います。

第三章　子どもの預け先の選び方

子どもの預け先にはどんなところがあるか

子どもが生まれる前には、預けることをそんなに深刻に考えていなかった人も、いざわが子を預けようという段になると「本当に預けて大丈夫なのか」と不安になるものです。預け先は子どもが一日の大半を過ごす場所になります。そこで、子どもたちは「生まれてはじめて」をたくさん経験して育っていくのです。慎重に選ばなくてはならないのは、いうまでもありません。

選ぶためには、情報を集め、実際に見学して、中身を確かめる必要がありますが、その前に、預け先にはどんな種類があるのかを知っておいてください。

認可保育園というスタンダード

多くの人が、預け先というと認可保育園を思い浮かべるでしょう。認可保育園は市町村が入園受付をする公的な保育事業です。受け入れ年齢はゼロ歳からが主流で、小学校に入学するまでの子どもを対象にしています。

保育サービスの種類

〈施設保育〉

認可保育園	広さや設備、保育者の人員や資格、保育内容について、国の決めた基準を満たして、認可された保育園。	**公立保育園**	市町村の直営 保育士は公務員 運営が民間に委託されている公設民営園もある。
		私立保育園	大半が社会福祉法人立だが、株式会社立、学校法人立、ＮＰＯ立などもある。
認可外保育園	認可保育園以外の保育施設	**自治体の助成を受ける保育施設**	東京都の保育室、認証保育所、横浜市の横浜保育室など名称はいろいろ。自治体が設けた基準を満たして助成を受けている。
		駅型保育所	国の助成を受けて駅前のビルなどにつくられている。
		事業所内保育所	従業員のために事業所が設ける施設。院内・企業内保育所。
		その他の託児施設 **ベビーホテル**	公的な助成を受けない施設。内容はさまざま。劣悪なところもあるので要注意。「安かろう悪かろう」になりがち。
幼稚園の預かり保育			幼稚園在園児（三歳以上）を幼稚園終了後から夕方まで預かる。

〈個別保育〉

市町村の保育ママ	家庭福祉員、昼間里親など名称はいろいろ。保育ママの家庭で預かる。三歳まで。
民間互助組織の保育ママ	ＮＰＯなど
ベビーシッター	ベビーシッター会社の請け負い
ファミリーサポートセンター	地域住民の互助

前ページの表を見てください。

日本の施設保育は、大きく認可保育園と認可外保育園の二つに分けられます。ときどき認可保育園はすべて公立だと勘違いしている人がいますが、認可保育園には私立もあります。現時点では、公立が六に対して私立が四という割合ですが、公立の民間委託や民営化が進んでいるので、比率は変化しています。私立の大半は社会福祉法人立です（二〇〇〇年四月から企業や学校法人も認可保育園が運営できるように規制緩和された）。公立も私立も認可保育園であれば国の同じ基準を満たしていて、同じ市町村内であれば保育料も同基準で設定されています。

この公私立の認可保育園はおおむね全国にあります。需要の多い都市部だけでなく、過疎で幼稚園も成り立たない地域では、保育園が幼稚園代わりになっているところもあります。

日本では、児童福祉法によって市町村が認可保育園を設ける責任をもたされてきたために、広く普及したという歴史があります。ちなみに、保育制度がないアメリカやイギリスでは、隣近所や学生アルバイトのベビーシッターに頼らざるをえなかったり、施設保育があっても補助金制度が手厚くないために「安かろう悪かろう」になっている実態があります。

日本でも都市部では商業的な保育サービスがいろいろありますが、核になる認可保育園が一定の基準のもとに運営され、切実に保育を必要とする家庭の大半のニーズを吸収できていることは、アメリカやイギリスに比べて恵まれた状況だといえます。

待機児について36ページ以下に書いたように、認可保育園の入園希望者はふえ続けています。

認可保育園の人気が高い理由には、「認可」のお墨付きがある安心感、園庭や調理室などの設備が整っていること、各家庭の世帯所得に合わせて保育料が決められること、などが挙げられます。最後の保育料の決定方式は、認可と認可外のしくみの違いとして大きい要素です。認可外保育園では、自治体の助成を受けている施設でも、大体のところが年齢ごとの一律料金になっています。

また、認可保育園は、調理室などの設備・面積の要件、保育士その他の人員配置、保育内容などについての基準があり、その水準の保育を行うための運営費が出るしくみになっています。一方、都市部の認可外保育園は民家や雑居ビルの中に設けられているものが多いので、認可とは一般的にかなり見栄えが違っています。しかし、規制緩和以降は雑居ビルの中の認可保育園も誕生しましたし、園庭のある認証保育所（東京都が助成する認可外）もつくられていますので、印象が逆転しているものもあります。

認可外保育園というジャンル

認可外保育園は認可保育園ではないすべての施設保育を指します。自治体の助成を受けて運営される準認可的な施設から、純粋に民間事業として開業されているベビーホテルや託児施設まで、すべてが含まれます。以前は認可外保育園を「無認可保育園」と呼んでいましたが、「無認可」という言葉が違法施設を連想させるので、最近は認可外と呼ぶようになってきました。

75ページの図には、認可外保育園の中の種類も示しています。

認可外保育園は、利用者との直接契約ですので、入園申し込みも直接保育園にしますし、保育料も各園が自由に決めています。

自治体の助成を受けている「認可外（以下、助成施設）」は、助成の条件として一定の基準を守ることを義務づけられています。その基準は自治体によって違っていて、認可保育園に近い内容のところもありますが、おおむね認可保育園よりもゆるい内容になっています。国は認可外保育園全体に対して最低ラインの「指導基準」を設けていますが、一般的に助成施設の基準はそれよりやや高いか同じくらいです。助成施設は助成金のぶん、人手もかけられますし、お金を出している自治体の監査も入りますので、理屈から考えれば安心度は高いはずです。

ベビーホテルなど助成を受けない認可外施設は、国が設けている「指導基準」はあるものの、助成施設よりもさらに自由な経営を行っています。ベビーホテルなども一年間に一回は都道府県の点検・指導を受けることになっていますが、全国一〇四三か所のベビーホテルを指導監督調査した二〇〇一年度の結果では、八割近い施設が指導基準に適合していませんでした。

ここのところ、保育園での死亡事故や虐待事件などがニュースとして伝えられ、その多くが認可外保育園であることから、「認可外保育園は危険」というイメージがもたれがちですが、認可外保育園にも質の高い保育をしているところはあります。特に、小規模な助成施設については「家庭的でこまやかな保育をしてくださった」という感想を数多く耳にしています。

このように認可外保育園にはさまざまな質のものがありますが、全体に、認可保育園というメインストリームに対抗するため、利用者のニーズにより敏感に反応してきたのが認可外保育園の特色です。二四時間保育、一時預かり、二重保育（認可保育園に迎えに行き、引き続き保育する）、学童保育（第八章参照）などなど、認可保育園のサービスが広がれば、さらにその外側のニーズを埋めるように、認可外保育園は頑張っていきます。よく質を見極めて選ぶのであれば、認可外保育園のこういったサービスも働く親にとって強い味方になります。

なお、図の中に事業所内保育所というものがありますが、これは病院や企業が従業員のために設けるもので、全国に約三八〇〇か所があります。その六割近くが看護師などが利用する病院内保育所です。運営費は事業所からの補助を受けている場合も多いのですが、質はさまざまなようです。職場に近く、何かのときにすぐに子どものところに駆けつけられるというメリットがある反面、電車通勤をしなくてはならない都心部などでは、子連れで満員電車通勤というきびしい条件を乗り越えなくてはなりません。

（注）「保育園」「保育所」という言葉の使い分けについては、世間一般では「保育園」と呼んでいますが、役所用語では「保育所」であり、両者は同義語です。

「認可保育園は融通がきかない」というのは本当？

育児休業法制度が普及し始めて保育園問題が注目されるようになった九〇年代半ば、「認可保育園は融通がきかない！」という論調の記事が新聞などを賑わせました。

「子どもの病気のとき預かってくれない。熱が出るとすぐに呼び出しがくる」
「保育時間が午後六時まででは短すぎる！」
「役所の手続きが煩雑！　係員が不親切！」

などなど。確かに、「福祉にたずさわっている組織にしてはあまりにも不親切！」という事例は私の周辺でもいろいろありました。また、低年齢児保育（ゼロ〜二歳児保育）や延長保育（一日一一時間を超える開所）の不足は働く親にとって切実な問題です。

しかし、子どもの命を預かる立場としてのやむをえない対応や、たくさんの税金がつぎ込まれている施設として必要な手続きまで、一方的に非難されてしまった部分もありました。低年齢児保育や延長保育の不足は、まず予算をかけなくては解決しない問題であることも見逃されていました（公金を入れない民間サービスでよければ、ベビーホテルでいいということになります）。

けれども、そういった世間の強い風に吹かれて、認可保育園はずいぶん変わりました。自治体の財政難という障害はあるものの、乳児保育や延長保育の実施率も伸びてきています。個々の保育園の対応では、子どもに熱が出ても緊急性がなければ、親を呼び出さずにそのままようすを見てくれる園もふえたし、保護者の相談や苦情への対応もよくなっています。

ニーズのあるはずの都市部で認可の夜間保育が少ない点はなんとかしなくてはならないし、低年齢児保育や延長保育が依然不足している自治体では、財源を確保するために知恵をしぼらなくてはなりません。右に書いたような十把一からげの認可保育園バッシングは、すでに時代遅れのものとなっています。

個別保育とは

認可・認可外の保育園は、子どもを一堂に集めて集団保育をするところで、「施設保育」と呼びました。これに対して個人宅や利用者の自宅で個別にする保育を「個別保育」と呼びます。もう一度75ページの図を見てください。

個別保育の場合、公的保育ママ以外はどうしても利用料が高くなります。また、ゼロ歳児以外は集団保育のメリットが大きいということもあって、日本では「常時保育は施設で」と考えるのが一般的です。

一方で、都市部では公的保育ママが認可保育園に入れなかった三歳未満児の受け皿になっていますし、スキンシップを大事にしたいゼロ歳、一歳児期だから、あえて集団保育よりも保育ママを選んだという人もいます。

私自身、子どもは二人ともゼロ歳児期の数か月間（四月に認可保育園に入れるまで）、保育ママにお世話になりました。保育ママのご主人も協力して、家庭の中でとてもあたたかく保育してもらえて、保育ママ宅に子どもを連れて行くと、「行ってきます」も言わないうちにハイハイで家の奥へ入っていってしまうほどの、二つ目のわが家のような慣れ方でした。

ベビーシッターやファミリーサポートセンターなどのマンツーマンの個別保育は、子どもの病気明けや親の残業時などの臨時の保育、ちょっとした親の所用のための保育としてよく利用されています。これらでは、世話をする大人がじっくり子どもに接することができるし、環境的にも集団でいるより落ち着けるというメリットがあります。特に、くつろがせてあげたい夜の保育は個別保育にしたという人もいました。

ただし、首都圏や関西圏ではかなりの数のベビーシッター会社がありますが、まったく存在しない地域もあります。また、ファミリーサポートセンターも、原則として人口五万人以上の市についての制度になっています。

厚生労働省は二〇〇二年八月、働く親の子育て・家事支援にシルバー人材センターを活用する案を発表しました。個別保育は、施設保育の不足する部分を補うサービスとして伸びていきそうです。

幼稚園の預かり保育

75ページの図の中で特殊なのが、幼稚園の「預かり保育」です。幼稚園は三歳以上を対象とした施設で、種別としては文部科学省管轄の教育機関に当たります。標準保育時間は一日四時間で、通常は遅くても午後二時ごろまでで保育を終えます。「預かり保育」は、この時間を超えてそのあとも希望する家庭の子どもを保育します。

保育園の園児数がふえる一方で、幼稚園の園児数は減る傾向にあり、生き残りをかけて「預かり保育」を始める幼稚園がふえてきました。ここのところの保育園不足で、各種の審議会などからも幼稚園の「預かり保育」を促進せよという提言が出され、文部科学省も補助金制度を設けて推進に動いています。

二〇〇一年六月の文部科学省の調査では、全国の幼稚園の半数以上が預かり保育を実施していました(一万四三七五園中七七六一園)。

幼稚園の「預かり保育」は、認可保育園と違って親が働いていない子どもも預かってもらえますが、お休みの曜日があったり、幼稚園が長期休暇のときには預かり保育もお休みになる園もあるので、フルタイマーの共働き家庭が利用するときは注意が必要です。

調査では、実施園のうちの約半数は週五日制、三〇%が週六日制でした。また、保育時間は三五%が午後四時から五時に終了、四〇%が午後五時から六時に終了しています。早朝保育は二二%しか実施していないので、午前九時過ぎに幼稚園の保育が始まるまでの朝の時間帯がネックになりそうです。春・夏・冬休みなどの長期休業中の預かり保育を実施しているのは、実施園全体の半数でした。

危険な保育に子どもを預けないために

預け先に最低限必要な条件とは

子どもを死なせようとか、虐待しようと思って預かる保育施設はありません。保育施設を開設する動機はいろいろかもしれませんが、どこの施設でも、子どもを安全に預かることは基本中の基本だったはずです。それでも、事故や事件を起こす施設が次々に現われます。その背景にはどんなことがあるのでしょう。

子どもの預け先について、保育経験のない親は、単純に安全で衛生的なスペースがあって、見てくれる人がいればいいと思いがちですが、それだけでは不足です。パステルカラーのかわいい壁紙で内装された清潔な施設でも、スタッフが愛想よく親切でも、それは安心の裏づけにはなりません。

保育施設では、経営者やスタッフが、子どもにしっかり目を配りこまやかなケアができること、子どもの心身の発育を理解していること、その人権についても見識をもち良心をもっていること、適切な人員配置やローテーション、そしてこれらを保障できる運営費も必要です。

このうちどれかを欠けば、危うい保育になってしまいます。危険な施設はごく一部であるということをお断りしたうえで、衝撃的なニュースとなった認可外保育施設の事件を取り上げましょう。

事故死のあったベビーホテルの実態

二〇〇一年三月、認可外のベビーホテルチェーン「ちびっこ園」の東京都豊島区の施設で、四か月児が窒息死するという事故が起こりました。二人の赤ちゃんを一台のベビーベッドに寝かせていたために二人の体が折り重なってしまったのですが、保育者は別室で保育に当たっていたため気がつかなかったといいます。

事故後、そこを利用する親の一人は、テレビのインタビューに答えて「スタッフはみんないい人たち」と話していました。スタッフはきっと子どもが好きで、それなりに頑張っていたかもしれません。でも、この施設は東京都の点検・指導の際に、人手が指導基準よりも少ないという指摘を受けていたのです。それが改善されないまま保育が行われた結果の事故でした。

「ちびっこ園」は当時、全国に六三園の直営店があるベビーホテルチェーンでした。満員でも「お客様」は断らない、各店舗の人件費を総収入の三一%以内に抑えるなどの経営方針をもち、利益追求を徹底していた会社だったようです。この事件が起きる前にもフランチャイズも含めた同チェーンの施設内での乳幼児の死亡が二〇件もあったといいます。以前からの内部告発や「保育園を考える親の会」に寄せられていた苦情では、質のよくないスタッフ（保育中に酒・たばこをのむ、汚い言葉で子どもをののしるなど）や、人員不足の状態（長時間労働、一時預かりの対応や事務などすべての仕事を保育スタッフが担当）なども報告されていました。

しかし、保育料も手ごろで、二四時間保育をやっていて、保育時間も自在になることから、夜遅い仕事、不規則な仕事をしている親たちのニーズをとらえていました。

このケースから、スタッフが「いい人たち」でも人手が足りなかったり労働条件がきびしすぎると、安全な保育はできないことがわかります。また、ベビーベッド一台に二人を寝かせるという、通常の保育園では考えられないやり方は、安全性についての意識の低さを表しており、素人の保育だったともいえます。

なお、この事件の刑事裁判では、経営者にはじめて懲役刑が科され、保育事業における経営責任がきびしく問われる結果となりました。

二〇〇二年七月には、新潟県新潟市の個人経営の認可外保育園でベビーベッドに板でフタをしていたところ、一歳一一か月児が板とベッドの柵に首をはさまれて亡くなりました。一時預かりの子どもを、ベビーベッドで寝かせてスタッフが部屋を出てしまったために、起き上がった子どもが首をはさんでしまったことに誰も気がつかなかったということです。そもそも一歳一一か月にもなる子どもをベビーベッドで寝かせていたことも疑問ですが、子どもが勝手に出ないように板でフタをするなどというのは人権を無視した行為で、保育施設としてはやってはならないことでした。経営者の意識の低さが招いた事故といえます。

この施設は、新潟市の助成金を受ける施設でしたが、市の助成額は非常に少なく、十分な人件費を出せる額ではありませんでした。

虐待死のあったベビーホテル

二〇〇〇年二月、神奈川県大和市の認可外保育園「スマイルマム・大和ルーム」で、園長である経営者が二歳の園児を虐待して死なせるという事件が起こりました。「スマイルマム」では、ほかにも骨折ややけがをした子どもがおり、この事件のあとも四か月間営業を続け、六月に園長が逮捕されて、ようやく事実が明らかになったのです。

「スマイルマム」は、一九九九年二月に開業。商店街の雑居ビルにあって、駅から近く、二四時間保育を年中無休でやっていました。案内には保育士四名を含む一二名で保育するとありましたが、実際には数人、もしくは無資格の園長が一人で保育することも多かったようです。園長は子どもをもつ二九歳の女性で、自分の子育てと兼ねてできる仕事としてベビーホテルを開業したのですが、子育てや施設経営のストレスから虐待が始まり、エスカレートしていったといいます。

この園長は保育者としては素人でした。虐待は園長が一人で保育する時間帯に行われていました。この施設から他の保育施設に移った子どもが、心身に明らかに虐待の痕跡を残していたことなどから、児童相談所や市役所、警察にまで苦情や通報があったということです。地域では悪評のあった施設だったのに、便利な駅前施設にほかの地域から預けに来る人は多かったといいます。

二〇〇二年二月には、香川県香川町の認可外「小鳩幼児園」で六〇歳の女性園長が一歳二か月児を「寝つかない」と暴行を加えて死なせました。この施設でも、一九八九年の開業以来二〇人もの子どもたちが虐待されており、スタッフも知っていたにもかかわらず、誰も園長をとめられなかったといいます。なぜこんな異常な人物に保育をさせておいたのか、地域や行政の監視の目がもっとあれば、と残念です。

預け先はここをチェックする

これらの施設はどれも認可外保育施設でした。しかし、前節に書いたように、認可外保育施設がすべて悪いわけではありません。すばらしい保育をしている認可外保育施設もあることを、もう一度断っておきたいと思います。

それでは実際には、どこを見たらいいのか、チェックポイントを書き出してみます。

①運営資金・人手をチェック

保育者が別室にいる間に事故が起こることは少なくありません。保育施設では、お昼寝の時間も、誰かが必ず子どもの状態を見守るようにしているのが普通です。ところが、運営資金が十分ではない施設では、基準を下回る人員しか雇えず、目が届いていない場合があります。

認可外の場合、助成を受ける施設であれば助成金と保育料で運営されますが、助成を受けない施設であれば保育料だけで運営することになります。

ベビーホテルは価格競争が激しく、格安料金で預かるところもありますが、助成を受けていないのにあまりに料金が安いところは要注意です。自分が払っている保育料で基準どおりの人手が雇えるかどうか、計算してみてください。経営者はその中からビルのフロアの賃借料や人件費、その他の経費も払わなくてはならないのです。

認可外施設に対する指導基準は次のとおり（子どもの数対保育者の数）

ゼロ歳児／三対一　一〜二歳児／六対一

三歳児／二〇対一　四〜五歳児／三〇対一

保育者の人数や保育士資格の有無は要チェック事項ですが、本当のことを教えてもらえない場合もあるでしょう。実際に保育をしている現場を見せてもらうことが必要です。

人手が少ないと、事故が起こらなくても、不十分な保育になりがちです。本当はだっこして飲ませるべきミルクを、ベッドに寝かせてタオルにほ乳ビンを立て掛けて飲ませていたり、ハイハイ真っ盛りの子どもまでベビーベッドに入れっぱなしだったりすることもあります。

なお、チェーン店のベビーホテルの場合は、本部の経営方針が悪いと、園長がよくても保育の質を上げることができません。利益を上げることを強く求められると、人件費を削って利益に計上せざるをえないからです。

②経営者や保育者の資質をチェック

保育者の資質としては専門知識も大切ですが、保育の場合、まず子どもに愛情をもてることが基本です。それは子どもにどんなふうに接しているか、保育しているようすから判断するしかありません。

専門知識や経験はいろいろ質問することでわかる部分もあります。育児相談をするように、離乳食の与え方や病気のときの対応、おむつはずし、遊びなどについて、あれこれ聞いてみるとよいでしょう。「それはどんなふうにやるのですか」「こういう場合はどうするんですか」などと具体的に。

保育されている子どもも判断材料になります。安心してのびのび過ごしているか、大人に脅えたりしていないか（人見知りの時期の赤ちゃんはしかたありませんが）、など。

「スマイルマム」の例からもわかるように、問題のある人物が一人で、密室で保育する時間があるというのは、とても危ういものです。もしも、保育者が一人で保育することがある施設なら、その人物に資質が備わっているかどうか、十分に見極めたいものです。

③施設・設備をチェック

認可外保育施設の指導基準では、子ども一人当たりの保育室面積は一・六五㎡（約一畳）以上とされています。でも、これは本当に最低の基準ですので、家具が置かれたり保育者が立ち働くことを考えると、このとおりでは狭苦しいでしょう。乳児（ゼロ歳児）と幼児の部屋は別にすることという規定もあります。赤ちゃんは喧騒の中では心が安定せず、発育に悪い影響があると考えられるからです。

とにかく子どもがゆったり過ごせる環境かどうかを見極めましょう。ハイハイを始めた赤ちゃんには、動き回れるだけの広さが必要です。保育室がベビーベッドでびっしりという場合、どこで運動させるのかを聞いてみなくてはなりません。

「給食は手づくりです」と言いながら、調理設備がお湯を沸かす程度のものしかなかったという話も聞いたことがあります。

④見て聞いて調べて比べる

認可にしても認可外にしても、役所で情報を集めることは大切です。役所では、認可と助成を出している認可外のリストをつくっていますので、それを入手して施設の種別を知っておきます。助成を受けない認可外も二〇〇二年から届け出制になりましたので、役所は情報をもっているはずです。点検・指導の結果までも合わせて情報を公開している自治体もあります。

悪質な施設は、実は地元では知られていたということもあるようです。地域の人の口コミも大切です。また、ほかの施設（特に認可保育園）も見学して比較してみると、その施設を見るだけではわからなかったことがわかることもあります。

最後に、ここまででたびたび使った「ベビーホテル」という言葉ですが、厚生労働省ではこれを「夜間保育、泊まり保育や、時間単位の一時預かりのいずれかを行っている施設」と説明しています。ただ、一九八〇年代にベビーホテルでの事故が相次いで以来、この名前は印象が悪いものになり、今は自ら「ベビーホテル」という看板を掲げているところはほとんどありません。「〇〇保育園」「〇〇ベビールーム」などなど、認可保育園と同じような名前になっています。

情報収集から申請・待機まで

まずは役所に行こう

繰り返しますが、保育園のもっとも基本的な情報は、市役所・区役所の窓口で得られます。福祉センターなどの出先機関が窓口になっている場合もあります。

入園申請書だけなら保育園にも置いてありますが、その園に入れるとは限らない場合、ほかの情報も得ておいたほうがよい場合は、役所に足を運びましょう。

役所でまず入手するのは、認可保育園の入園申請書類一式です。各保育園の詳細を小冊子にまとめて配っている場合もあります。分厚いファイルになっていて、閲覧できるというところもあります。「保育園の個別の資料はありませんか?」と聞いてみましょう。

インターネットの「こども未来財団」のサイト「i－子育てネット」(http://www.i-kosodate.net/)でも全国の認可保育園情報を見られますし、各自治体サイトで保育園情報のページをもっている場合もあります。

また、制度があるようなら、市町村の助成を受ける認可外保育園や保育ママのリストももらっておきましょう。さらに、臨時の利用のために、ファミリーサポートセンターやシルバー人材センターの資料がないか、聞いてみましょう。

保育園を探すエリアをしぼる

やはり保育園はできれば自宅に近いほうがいいですね。子連れで動く距離を縮めて時間のロスを少なくできますし、親も子どもも地元でお友だちができます。

でも、いちばん近い園があまりいい保育内容ではないかもしれませんし、人気がありすぎて入れないことも考えられます。複数の候補を検討できればそのほうがいいでしょう。

近くの保育園でいいと思って預けた人が、そこの熱心な音楽教育やハードな行事になじめず、何年もがまんしてから転園したというケースがありました。転園先の保育園は本当にすばらしく、ちょっとした時間の遊びも工夫して、子どもを生き生きさせる保育園でした。その人は貴重な幼児期を過ごす場所である保育園を、近さだけで決めてしまったことをとても後悔していました。近さは大切だけれど、内容の吟味はやっぱり必要です。

保育時間などの都合で、遠くの園を選ばなくてはならないこともあります。勤務時間帯が夜にずれ込む人が、認可の夜間保育園の近くに引っ越しをすることも決してまれではありません。自宅から遠い保育園では、小学校に上がるとき、お友だちと違う学区に行かなければならないことが気になるかもしれませんが、その年ごろの子ども同士は一日で友だちになれるものです。車が使える人は、かなり広範囲を対象にできますね。

候補を選んで見学する

受け入れ年齢、保育時間などの条件が合うところはリストアップして見学に行きましょう。意中の保育園はあっても、複数の保育園を見学して比較してみることをお勧めします（次節に見学のポイントを掲げました）。

今や、入園申請前に保育園を見学するのは常識になっています。もしも、見学を断るような保育園なら、それは見せられないような保育をしているからかもしれません。ベビーホテルのような施設だと、受付や応接があって、そこで応対されてしまうかもしれませんが、保育室の中まで見せてもらわないと保育の中身はわかりません。

見学をするのは、保育園を選ぶためだけではありません。これから子どもを預けるということを親自身が納得するためでもあります。私自身、保育ママの次に預けた認可私立保育園は見学してひと目で気に入ったところでしたが、そのあとしばらく、その園のたたずまいや園長先生の顔を何度も思い出しては「あそこに預けるんだ」「あの人に預けるんだ」と自分の思いを確かめていました。入園が決定したときは、「入れたよ。あの保育園に行けるよ。よかったね」と子どもを抱きしめたものです。

入園を申し込む

認可保育園の場合は、役所に申し込みをします。定員を上回る申し込みがあると、選考で入園者が決定されます。選考では、保護者の勤務時間が長いなど、保育を必要とする度合いが大きい子どもが優先されることになっていて、市町村ごとに基準を設けて点数化しています。この基準を公開するように国は勧めていますが、市町村によっては見せてくれないところもあります。でも、だいたいどこの市町村でも勤務時間や就労形態、家族の状況などを判断基準にしています（六五歳未満の祖父母が同居していると入園できない場合もあります）。

認可外保育園は直接園に申し込みをします。予約ができる場合もありますので、預けるかもしれないと思った施設には、早めに相談してみる必要があります。

認可保育園の待機――求職中の人も必ず申請を出そう

希望者が多くて選考になり、申し込んだ園のすべての枠にもれたという場合は、空き待ち、つまり待機児ということになります。選考会議は毎月開かれますので、転出などで欠員が出ると、そのつど待機児の中から優先順位の高いケースを選考して入園を決定します。

ときどき役所の窓口で「今、保育園は満員なので、空きが出たら連絡します」と言われて、申請書を書かずに帰ってきてしまう人がいますが、申請書を出さないと選考の対象にはなりません。就職活動をしている人はまだ仕事が決まっていなくても「求職中」という理由で入園申請を出せます。「求職中」は優先順位が低いので、待機児のある保育園にはなかなか入れませんが、申請書を出しておけば、欠員が出たときにチャンスをつかめる可能性もあるのです。

四月が入園のチャンス

保育園も年長組が三月に卒園するので、園児募集数は四月が年間でもっとも多くなります。ゼロ歳児クラスはほぼ全員、一歳以上の年齢クラスもクラス定員がふえて欠員になる人数分の募集があります。

こういった保育園事情を知ったうえで育児休業をとる人たちもふえ、復職を四月入園に合わせる人が多くなりました。低年齢児対象の認可外保育園や保育ママからも、四月で認可保育園にかなりの子どもが移ります。最近は認可保育園の受け入れが進み、以前は年度はじめから満員だったような小規模な認可外保育園や保育ママの良質なところも、年度前半に空きが出ていたりするようです。

こういった空き状況は地域によってさまざまです。役所に聞いたり、保育園を訪ねたりして、情報収集をしましょう。

保育園見学、ここだけは見ておきたい

安心できる保育園の条件

前々節「危険な保育に子どもを預けないために」では、いろいろとこわい話を書いてしまいましたが、認可保育園や良心的な認可外保育園では、最低限の安心レベルはクリアされているはずです。そういった保育園を見学する場合には、もう少し欲張った視点から保育を眺める必要があります。そのポイントを大ざっぱに書き出してみましょう。

①なんといっても園長の人柄・考え方

保育はやっぱり「人」が肝心です。よくも悪くも、保育園の雰囲気を決めるのは、やっぱり園長。子どもについて語らせたら奥深く、母性神話にとらわれず働く母親のことを理解してくれる園長が理想ですが、少なくとも、保育への意欲と責任感だけはしっかりもっていてほしいですね。見学のときに、保育方針や園の沿革などを質問してみると、そのあたりの思いを話してくれるかもしれません。

ただ、対外的なアピールや個性の強すぎる保育園には心配な部分もあります。いろいろな「お教室事業」を熱心にやっているが、そのぶん子どもにきびしくてのびのびさせてもらえない、鼓笛隊の発表会に土日も親子で駆り出される、などの苦情に何回か出会っているからです。特色のある保育をするのはいいのですが、それが本当に幼児の発育や心にそったものかどうかで評価は分かれると思います。

②保育者の声が小さい保育園

保育者の声より子どもの声がよく聞こえる保育園がいい保育園という意見があります。いつもいつも保育士が子どもたちに大声で号令をかけたり叱ったりしているのは、保育者の未熟さの表れであったりするからです。子どもと上手に意思疎通ができたり、子どもを待てるというのも、保育者の素養のうちです。保育者の子どもへの接し方は見学でもぜひ見ておきたいもの。集団保育だからこそ、一人一人の子どもの発育や個性の違いを受け入れて、子どもの自主性を大切にするような接し方をしてほしいですね。

③子どもの笑顔がある保育園

親としては、子どもが楽しく保育園に行ってくれることがいちばんです。見学では子どもたちが保育園生活をのびのびと楽しんでいるようすを確かめたいものです。午前一〇時ごろや午後三時ごろは、ちょうど遊びが盛り上がっているのではないでしょうか。子どもが園長や保育士にどんなふうに甘えたり話しかけたりしているか観察してください。

④保育室・園庭のようす

低年齢児の保育室は安らげる空間であってほしいものです。特に、ゼロ歳児の場合は、だだっ広いところに大人数入れられるよりも、少人数で家庭的な広さの空間で保育されたほうが心が安定するといわれています。広い部屋でも空間を区切って保育するなどの工夫がほしいところ。一〜二歳児も何十人という単位では落ち着かないのではないかと思いますが、都市部では待機児対策で園児数がふくらんでいるので心配です。ただし、年齢別の入所人数は多くても、クラス割りなどを工夫している園は多いはずです。

幼児は遊びが活発になりますので、保育室や園庭でどんなふうに遊べているかを見るとよいと思います。押し入れの狭い空間が基地遊びやおうちごっこ用に提供されていたり、広いフローリングスペースで盛大におもちゃを広げて遊んでいるようすを見ると、大人も心が躍ります。

園庭は狭くてもあってほしいもの。掃き出しの窓の向こうに土があって木が植わっていれば、それだけで心が安らぎそうです。園庭で花や野菜を育てたり、動物を飼っている保育園もあります。外気の中ではずんでいる子どもたちの姿を見ていると、人にはこういう時代が必要であることを実感します。

園庭のない保育園では、屋上テラスや近くの公園を園庭代わりにしています。特に三歳児以上の場合は、戸外遊びを十分に取り入れられる保育体制になっていることが必要だと思います。ビルの中で一日中過ごすような保育では、欲求不満になってしまうし、体の成長にも影響が出るのではないでしょうか。

⑤給食体制

給食は衛生的につくられ、栄養バランスがいいことが大切です。ゼロ歳児の離乳食もあるので、子どもの発育に合わせて、材料や調理方法・刻み方を変えるなどの工夫がされているのが普通です。また、季節の行事食などに積極的な園もあります。

給食時間は保育者が忙しいので見学が不可能でもしかたありませんが、食材の仕入れや献立について質問してみると、その園が給食にどんな配慮をしているかがわかると思います。また、玄関にその日の給食見本を飾っている保育園もあります。

認可保育園の場合は、調理室を必ず設置することになっているので、給食は園内でつくっているはずです。認可外でも手づくり給食を大切にしている施設が多いようですが、外部の給食サービス会社から配達を受けている場合もあります。外部のサービスを利用している場合は、それが乳児や幼児に適した献立かどうか確かめたいところです。

認可保育園でも、調理が委託のこともあります。民間業者の調理員が園内の調理室に入って調理しています。

最近は、給食のアレルギー対応をしてくれる保育園もふえています。食べさせられない食材をあらかじめ知らせておけば、気をつけてくれます。除去するだけではなく、代替食をつくってくれる園だと、いちばん助かりますね。

⑥延長保育

延長保育を利用する人は、長時間保育への不安も大きいはず。心配なら、延長保育時間の見学を申し込んでみましょう。子どもたちがどんなふうに過ごしているか見れば、安心できるかもしれません。

延長保育の時間帯は、日中と保育体制が違っています。人数が少なくなるので、年齢別ではなく、混合保育（異年齢保育）になるのが普通です。また、夜は子どもが疲れてくる時間なので、畳やカーペット敷きのところで、ゆっくり過ごせるようにしている園もあります。延長保育の人数が多ければ、ゼロ歳児は別室にするなどの配慮をしている園も多いでしょう。

延長保育でどんな配慮をしているかも質問してみると、園の姿勢がわかります。

⑦お迎え

夕方のお迎え時間に園に行き、お迎えに来た親たちから情報を収集するのもよい考えです。午後五時〜六時くらいの時間だと、お迎えに来る親も多いし、朝に比べるとあわただしくないので、いろいろ話をしてくれるかもしれません。

事前のアポイントは必要

見学は事前にアポイントをとって行きましょう。「いつでも見せてくれて当たり前」とはいえ、時節柄、保育園も安全管理に注意していますし、保育園はお散歩や給食、お昼寝、おやつ……と、忙しいスケジュールをこなしていますので、どうしても見学ができない時間帯もあります。また、園長や主任の説明を受けたければ、その都合に合わせることは必要です。

見学したけれど、どうしてもひっかかるという場合は、「聞き忘れたことがあって」と言って突然再訪問するというのも、一つの方法です。

わが家の保育体制をどう組み立てるか

一般的な保育時間

認可保育園の開所時間は、標準で一一時間とされています。保育時間帯としては、東京都内では午前七時〜午後六時、午前七時一五分〜午後六時一五分、午前七時三〇分〜午後六時三〇分という三種類のうちのどれかになっています。延長保育を行っている園では、一時間延長のところが多数ですが、二時間延長（午後八時くらいまで）もふえてきました。また午後一〇時までの長時間延長や、もっと遅くまでの夜間保育をやっている認可保育園もあります。夜間保育を実施している認可保育園は「夜間保育園」と呼ばれ、全国に五〇か所程度が設けられています。

助成を受ける認可外保育園も、遅くても午後一〇時くらいで終了するところが多く、二四時間保育を行っているのは助成を受けないベビーホテルが多いようです。

（注）認可保育園の夜間の保育には、昼間の認可保育園が午後一〇時まで長時間延長をする場合と、午前一一時〜午後一〇時を標準保育時間とする夜間保育園が前後に数時間の延長保育をする場合があります。

働く時間を夫婦で再検討する場合

医療関係その他の専門職、流通業、飲食業などで働く人は、標準の保育時間帯では間に合わないことが多いですね。また、どうしても残業を求められる職場もあるようです。必要となる保育時間が動かしがたい場合は、保育のほうでカバーせざるをえませんが、次のようなことも一応検討してみてください。

まず、夫婦で協力し合ってなんとかならないかという点。母親がローテーションによる変則勤務なら、母親の帰りが遅い日は父親がお迎えに回るという分担は当然考えられます。父親は定時に帰れないものと決めつけずに、家庭にとって最善の方法を考えたいところです。

職場でフレックスタイムが利用できる場合、送りと迎えを夫婦で分担し、迎えを担当するほうは早朝出勤をして仕事を早く終え、保育時間を縮めた家庭もありました。

また、思い切って転職してしまう人、職場に勤務時間の変更を願い出たり、担当職務を変えてもらった人（男性）もいます。二〇〇二年に改正施行された育児・介護休業法では、三歳未満の子どもを育てる男女に対して、勤務時間の短縮やフレックスタイムなどの両立支援制度を設けるように義務づけています（115ページ参照）。

一貫保育か二重保育か

「二重保育」とは、保育園の保育時間が不足するときに、ほかの人（施設）に不足を補って保育してもらうことをいいます。これに対して、一か所の保育ですませることを仮に「一貫保育」と呼んでおきます。

私の場合は、最初に検討した公立保育園がゼロ歳児の保育時間を八時間としており、それではお迎えに間に合わないので、「公立＋他の人（施設）で二重保育」か「認可外で一貫保育」

かと悩みました。毎日のことだったので二重保育は高くついてしまうし、認可外もよいところが見つからず、本当に困ってしまいました。そんなとき、たまたま近くの保育ママに空きが出ました。保育ママは個人保育なので、保育時間は相談に応じてくれる人が多いようです。結局、保育ママでの一貫保育で、安定した環境を得ることができました。

一か所で一貫保育するのが、親としてもいちばん楽ですし、経済的にも負担がかからないはずです。認可の延長保育実施園、良心的な認可外保育園や公的な保育ママは、その有力候補です。また、夜一〇時ごろまでの保育が必要なら、長時間延長や夜間保育をやっている認可保育園のそばに引っ越すのも一つの方法です。そんなところは待機児があって入れないと思いがちですが、最近、東京都内にたった二つしかない認可夜間保育園の一つに、年度末に空きが出ていました。人気があるから無理とあきらめず、調べてみることは必要です。

近くの保育園に入園したい、気に入っている保育園があってそこにしたい、でも保育時間が合わない、という場合はとても迷いますね。そんなときは二重保育を考えてみましょう。

実家に二重保育を頼む人はとても多いです。お金はかからないし、なんといっても安心です。ただ、実家に甘えすぎて、祖父母が疲れてしまったり、育児方針の違いでもめたりすることもあるので、要注意。

頼るべき身内や知人がいなければ、お金を払ってサービスを手配するしかないので、個人保育のベビーシッターやファミリーサポートセンターなどを頼ることになります。個人保育の場合、たいてい保育園にお迎えに行って家に連れ帰って保育してくれるので、子どもは夜の時間を家の中でゆっくりできるというメリットがあります。

ベビーシッターは利用者の自宅または希望する場所で保育してくれます。「最低二時間からで一時間一五〇〇円」というような料金設定が多いのですが、それだと毎日二時間お願いすると月に約六万円になってしまうのが痛いところです（このほか、交通費や入会金などもかかります）。

ファミリーサポートセンターですと、保育者の自宅で保育するのが原則です。料金はベビーシッターの約半額で預かってくれますが、あくまでも地域の互助活動なので「毎日」できる人は少ないかもしれません。

こういった個人保育は、信頼できる人を見つけて、毎回同じ人に頼むほうが子どもも安心できます。でも、毎日は都合がつかなかったり、急用でできない日も当然あることを考えると、二〜三人見つけてローテーションにしたほうが安定性はあります。

ベビーシッター、ファミリーサポートセンターのほかでは、NPOなどの民間保育ママもよく利用されています。「21世紀職業財団」が紹介するシッターに保育サポーターというものもあります。最近はシルバー人材センターを活用させようという行政の動きもあります。公的機関が紹介していても、資質は人によってさまざまなので、しっかり選ぶことが必要です。

こういったサービスを利用するのではなく、張り紙（「ゼロ歳児の保育者を探しています」

など）や新聞広告で二重保育者を募集したり、人づてに紹介してもらった人もいます。張り紙を見て応募してきた人がとてもいい人で、結局何年間もお世話になり、子どもが「おばあちゃん」のように慕っているという人もいました。ただ、個人だと性格的に合わなかったときに断りにくいという意見もあります。

ほかに、保育園の臨時保育士さんを園長先生が紹介してくれたり、直接お願いしたりして、二重保育をしてもらった人もいました。

紹介サービスを利用するにしろ、自分で探すにしろ、本当に信頼できるいい人と出会うためには、育児休業中など働き始める前に、試しにお願いしてみたほうがいいかもしれません。あまりよくないと思ったときは、勇気を出して断ることも必要です。

もう一つ、最近ふえているのは、低年齢児期に利用した認可外保育園に、認可入園後も二重保育をしてもらうというケースです。認可外保育園の保育者が認可保育園にお迎えに行って、親が帰るまで見てくれます。どこでもやっているわけではありませんが、最近よく聞くようになりました。また、東京都の助成を受ける保育室（認可外保育園）の中には、チャイルドシッター事業といって、保育室の職員がベビーシッター的なサービスをやっているところもあります。保育室が午後七時に終了したあとに、その部屋をそのまま使ってチャイルドシッターが保育するという方式の長時間延長も行われています。

わが子が過ごす場所は夫婦で考えて

首都圏などの都市部では、いろいろなサービスがありますので、うまく選んで認可保育園と組み合わせることで、安心できる体制をつくれる可能性は高いでしょう。

まわりにどんな施設や人材があるかによって、また、長時間保育が毎日必要なのか、ときどきなのかによっても、やり方は違うと思います。

もしも、働く時間をカバーするよい保育が見つけられないときは、働き方のほうを保育に合わせるという努力も必要ですね。これも、夫婦でいっしょに考えて結論を出してください。

第四章　仕事をうまく続けるために

産休・育休などの制度は、こう活用する

整えられてきた継続就労のための制度

企業や官公庁に働く女性が出産後も働き続けるための制度は、一九九〇年代から飛躍的に充実してきました。公務員や一部の大企業では育児休業を子どもが三歳になるまで認められるようになっています。

法律があっても、法律に認められた権利を心おきなく使えてはいないという指摘もあります。会社や上司、同僚の無理解に苦しんでいる声は今でもいろいろ聞こえてきます。特に、職場で最初に制度を利用してパイオニアとなる人の苦労は大きいものです。

でもここ一〇年、少しずつ制度が浸透していることは間違いありません。産休・育休をとる人が一人出ると、職場の意識も体制も進歩し、あとに続く人がとりやすくなるという現象が広く見られます。

まずは、どういうことが法律で保障されているのかを知りましょう。そのうえで人事や上司

とうまく交渉することが大切です。

［妊娠中］

妊娠中の母体の健康には、労働基準法や男女雇用機会均等法が配慮しています。

お腹の赤ちゃんに明らかに悪影響があるような仕事、時間外、休日、深夜の仕事は断ることができます（労働基準法第六六条第二項、第三項）。また、会社は、妊娠中の社員が定期健診や母親学級に行くための時間を確保できるようにしなくてはならないとされていますので、そのための短縮勤務や休暇なども認めなくてはなりません。また、もしも医師から指示があれば勤務時間を変更したり勤務を軽減したりして必要な措置を講じなくてはなりません（男女雇用機会均等法第二二条、第二三条）。

実際には、上司にいきなり「法律に定められていますからこの仕事はやりません」と言うわけにはいきませんね。上司には相談という形で体の状態を説明し、理解してもらって、仕事の調整をしてもらいましょう。医師の言葉などを伝えると有効です。男女雇用機会均等法の規定の指針にある「母性健康管理指導事項連絡カード」というものを医師に書いてもらって、会社に提出することもできます。仕事で体に負担がかかっているのに上司が理解してくれない、という場合は、法律の規定ももち出して、人事担当の部署などに相談してみましょう。残念なことに、こういった母性保護の規定を知らない管理職は多いものです。

妊娠がわかっても、職場にはなかなか言い出しづらいものです。「安定期に入ってから言おう」と思う人もいるようですが、妊娠初期はいちばん体に気をつけなくてはならない時期なので、早めに報告してそれなりに配慮してもらったほうがいいと思います。育休をとる期間などは未定でも、仕事を続けるつもりであれば、その意思をしっかり伝えましょう。また、産休・育休中の仕事は上司や同僚、または代替要員の人にカバーしてもらわなくてはなりませんので、どう引き継いでいけばいいのかまわりに相談しながら、計画的に準備をしておく必要があります。

［産前産後休暇］

産前産後休暇は出産予定日の六週間（多胎妊娠の場合は一四週間）前からとれます。産後休暇は実際に出産した日から八週間です。産前休暇を縮めるのは本人の自由ですが、産後は就業禁止です。ただし、産後六週間を経過して医師が支障がないと認めた場合は、本人の意思で復職することもできます（労働基準法第六五条第一項、第二項）。

出産が遅れたり早まったりしても、出産予定日から実際の出産日までは産前休暇に含まれます。ときどき、出産日が遅れた場合、その日数ぶんを欠勤扱いにしたり、有給休暇から引いたりする会社がありますが、その運用は間違いです。

今はもう少ないとは思いますが、産前産後休暇や育児休業をとりたいと言うと、「うちの会社には制度がないんだよね」と言う会社もあるそうです。法律では、社員が請求すればとらせなくてはならないと決められているわけですから、制度がないのならつくらなくてはいけません。「制度がない」というと立派に聞こえますが、前例がなかったから制度がなかったにすぎません。

産前産後休暇の期間中は、無給の場合、健康保険組合から一日につき標準報酬日額の六〇%が出産手当金として支給されます。

［育児休業］

育児休業は子どもの満一歳の誕生日の前日までとれるというのが、民間企業の最低基準です（育児・介護休業法第二条第一項）。会社によっては、保育園入園の関係から「一歳の年度末まで」「満二歳の誕生日の前日まで」としているところもあります。

産前産後休暇は女性だけですが、育児休業は男性もとれます。母親が最初にとって、母親の復職後に父親がつなげてとるとか、その反対もできます。ただし、一人の子どもに対して一人一回ずつなので、「父親がとって母親がとってまた父親がとる」ということはできません。

育児休業の期間は、保育園入園の都合、仕事の都合、自分自身の希望（生後どのくらいまで育児に専念したい、など）を考え合わせて、まず夫婦でじっくり相談しましょう。制度としては、開始予定日の一か月前までに会社に申請すればいいことになっていますが、職場には人員や仕事の配分の都合があるので、上司としては早く期間を決めてほしいはずです。保育園事情などを調べて家庭の方針を固めたら、上司とも相談しましょう。予定はなるべく早く知らせておき、会社への申請は予定が固まってからでもいいと思います。

育児休業期間の変更は、会社が認めれば育児休業中でも可能です。法律上、会社は最低「一回までの延長の変更」を認めなくてはいけないことになっています。

育児休業中は、雇用保険から育児休業給付金が支給されます。基本給付金として休業前の賃金の三〇%の額が支給され、復職して六か月以上勤続すると復帰給付金としてさらに一〇%が支給されます。

育児休業をとったことで、昇給や昇進が遅れるケースも多いようです。育休期間だけが評価ストップになるのではなく、申請しただけで育休前から評価が落ちたり、復職後もしばらく正当に評価されない期間が続いたり、とバッシングに近い例もたくさん聞いてきました。育児・介護休業法では、二〇〇一年から育児休業を理由にして解雇はもちろん不利益な扱いをしてはならないことが明記されましたので、これからは改善されていくのではないかと期待していま す。

[育児中]

保育園事情や職場の都合を考えて、育児休業を子どもが一歳になる前に切り上げる人も多いですね。

産後一年未満の女性も、体に負担が大きい業務や時間外、休日、深夜の仕事は断ることができます(労働基準法第六六条第二項、第三項)。これに重複しますが、育児・介護休業法第一九条第一項では、小学校入学前の子どもを育てる社員は、深夜(午後一〇時~午前五時)の勤務を断ることができるとしています。

また、子どもが一歳未満の間は、一日一時間の育児時間をとることができます（労働基準法第六七条第一項）。

これは、授乳時間という考え方なので、女性しかとれませんが、男性もとれる短縮勤務制度が育児・介護休業法（第二三条第一項）にあります。それによると、三歳未満の子どもを育てる社員のために、短縮勤務その他の両立支援の制度を設けなくてはならないとされています。短縮勤務のほかにフレックスタイム、始業時刻・終業時刻の変更、残業免除、企業内保育園、ベビーシッターの利用料補助などの制度でもよく、会社が選択します。同じような制度を、小学校入学前の子どもを育てる社員のために設けるよう努力することという努力義務も、育児・介護休業法（第二四条第一項）には書かれています。

ちなみにベビーシッターの補助は、全国ベビーシッター協会が窓口になって、会社に割引券を発行する制度もあるので、会社に検討してもらいましょう。

父親の育児休業、父親と保育園との関係

もっとも悩ましいのは、夫婦での育児休業の分担や育児休業の期間、復職後の勤務時間の問題だと思います。

父親の育児休業はまだあまり一般的ではありませんが、これからふえてくるでしょう。父親

として子どもとべったり蜜月時代を過ごしたいとか、仕事を長期間休んで仕事以外のことに没頭したいとか、自分だけが休むのは不平等という妻の主張を正しいと思ったとか、いろいろな動機や理由があるでしょう。

子どもが二人目、三人目になると、父親が育児休業をとりたくなるという例をいくつか耳にしました。子育ての醍醐味を知って、独占してみたくなるパパは意外と多いのではないでしょうか。夫の所得が妻よりも相当に多い場合は、夫が休業をとると家計的に損になるかもしれませんが、お金に替えられない体験もありますので、お互いに納得できる線を話し合いましょう。経済的な問題やお互いの仕事の都合・キャリアプランは大切ですが、世間や周囲からの雑音はだいたい無責任なものですので、あまり気にしないほうがいいと思います。

保育園との関係はとても重要です。待機児の多い地域では一般的に四月～年度前半でなければ保育園に入りにくいのは確かです。ただ、前にも書いたように園や年齢によっても違うし、良質な認可外保育園が年度後半にも空いていたり、予約ができたりもするので、地域の保育事情をよく調べたうえで復職時期を決めることをお勧めします。

復職後の保育園への送り迎えのやり方にも夫婦で綿密な打ち合わせが必要です。父親と母親がそれぞれ勤務時間を短縮してやりくりすれば、保育時間のために保育園選びが制限されずにすむ場合もあります。

こうしてみると、いろいろな両立支援制度があるだけに、検討しなくてはならないことはたくさんあります。妻と夫のそれぞれの会社の制度を調べ、どう利用できるか、整理してみましょう。保育園の空き状況、担当している仕事の繁忙期やプロジェクトの進行予定も考慮に入れなくてはいけませんから、年間スケジュール表のようなものを書くとわかりやすいかもしれません。復職後の勤務時間と保育時間の関係も整理します。条件に恵まれていたら、複数のやり方が想定できて選択できますね。それはそれで、ぜいたくな悩みがふえるかもしれません。

育児休業や短縮勤務の制度を利用するときは、職場の上司や同僚に多少なりとも負担をかけるものです。でも、子育てや介護のための制度は利用するために設けられているのです。そのために発生するいろいろな不都合の調整は会社の仕事です（と割り切って、当の本人があまりに無頓着でも困ります。そのあたりは次章で考えましょう）。

再就職のハードルとは

子どもをかかえての再就職事情

今、子どもをかかえての再就職はなかなかきびしいといわなくてはなりません。不況による就職難やリストラで、職を求める人の総数がふえてしまいました。非正社員の労働市場に、独身の若い女性たちが進出し、残業ができない母親求職者が不利になっています。子どもが生まれて残業ができなくなるから正社員でいることをあきらめたのに、再就職活動をしてみると、パートタイマーでも残業や変則勤務、休日勤務などを要求されることが多くて、「こんなはずではなかった」と思う人もいるようです。

パートタイマーや派遣社員にまかされる仕事の領域が広がり、「多様な働き方の登場」「働き方を選ぶ時代」などと仰々しくいわれますが、今のところこれらの言葉が意味しているのは、「条件のいい仕事がゴロゴロある状態」ではなく、「一長一短のいろいろな仕事がある状態」ということだと思ったほうがいいでしょう。

もしも、これを読んでいるあなたが、まだ子どもがいない正規雇用の身で、仕事がハードなので子どもを産むときは「いったん退職して再就職」というコースを考えているという場合は、再検討してください。今の職場が出産後正社員を続けられないような職場なら、子どもがいないうちに「子育てにやさしい職場」に転職し、そこで正社員として産休・育休をとるという道は考えられないでしょうか。

いきなり暗い話になってしまいました。すでに専業主婦のあなたなら、そして、これから共働きでやっていくことを決心したのなら、とにかく動くことです。世の中には、無数の仕事があり、無数の職場があります。動いてみなければ、チャンスもつかめません。

まずは、雇用形態にかかわらず、基本的に理解しておくべき事柄を挙げてみましょう。

まず、あなたが仕事に求めるものをチェックしよう

再就職を考えるのなら、もちろん「どういう仕事をしたいのか」「何時間働くつもりなのか（保育時間との関係もある）」「収入はどのくらい望むのか（保育料との関係もある）」について、自分なりの方針をもたなくてはなりません。

「やりがいのある仕事」「時間は自分の都合に合わせて」「高収入」なんてうまい話はそうそうありません。そんなコピーが書いてある求人は、たいてい何か質のよくない仕事です。何を優先させるのか、という観点が必要です。

それはつまり、「どこまで妥協してもいいか」ということでもあるはず。たとえば、「保育料に収入の大半が消えても、まず仕事に就くことを優先する」「保育料を払っても毎月×万円以上の収入は確保しないと困る」「実家で子どもを見てくれる範囲内の時間で働く」「遅くとも午後六時までには帰宅できる生活にする」などなど。自分の希望やもっている条件を整理してみてください。頭の中だけで考えていてもだめで、実際に求人情報に当たり、問い合わせたりして求人の実態にふれることで、具体的になっていくでしょう。夫の扶養の範囲内で働くのか、扶養ははずれてもいいとするのかも、大きな条件になります（138ページ参照）。

もしも、ゆくゆく働く条件を内容的にも収入的にもレベルアップしていきたいと考えるので

あれば、当面の収支よりも、行きたい方向に近づける仕事、実績・資格などが得られる仕事を選び、子育てとバランスをとりつつも、できる限り積極的に働き、チャンスを広げるべきです。

そんなに仕事には多くを望まないという人もいそうですね。

ちょっとした「家計の足し」でいいという割り切り方も「あり」です。ほどほどの長さで淡々と時間給をもらう働き方をして、自分の楽しみはほかで求めてもいい、中身にこだわらないというのなら、選べる仕事の範囲はずいぶん広がると思います。

仕事を探すときの武器

仕事探しは、自分の経験してきた分野で勝負するのがいちばん決まりやすいものです。再就職の場合、たいていどこでも即戦力の経験者を求めています。販売なら販売経験者、事務なら事務経験者ということです。もちろん、経験必要なしという募集もありますし、経験したことのない仕事について自分の新しい才能を発見する人もいますから、経験が絶対というわけではありません。

新しい仕事を覚えたいのなら、多少報酬が安くても、とにかく使ってもらうという姿勢も大切です。少なくとも、次の職探しでそこでの経験を「実績」や「スキル」として履歴書に書くことができます。幸運な人は、人脈をつかんで転職の道が開けることもあるかもしれません。

今、人脈という言葉を使いましたが、これはとても重要です。

世の転職・再就職では人脈が功を奏することはとても多いのです。特に、前の会社でいい仕事をして社内や取引先に信頼されていた人は、その信望を活かすことも考えましょう。在社中、感触のよかった社内外の人間関係をたどって、「仕事を探している」ということを伝えてみるのです。「すぐに」と言うと、相手は困ってしまうかもしれませんので、「また以前の経験を活かして仕事をしたいと思っていますので、何かありましたらよろしくお願いします」とインプットしておけば、思い出してもらえるときがあるかもしれません。実際、正社員にしろパートにしろ、会社にとって「ちょうどいい人材を見つける」のはとても難しいことなので、力量を知っている人を雇えれば効率がいいのです。

経験と人脈、どちらも仕事を得るための武器となるものです。どちらも大したことがないという人は、とにかく働き始めて、仕事の中でこれらを獲得するつもりで頑張ってみましょう。

保育の手当をどうするか

96ページにも解説したように、認可保育園の入園希望者が定員を上回っている地域では、求職中の人は入園選考で不利になります。

そこで、「仕事が先か、保育園が先か」という悩みが発生します。

就職が決まらないと保育園に入りにくいのに、就職面接では子どもの預け先が決まっていないようでは困ると言われた、という話がよくあるのです。この堂々めぐりを断つためには、認可が満員なら、認可外の質のよいところやその他の安心できる預け先を探して、とにかく預けてしまう方法もあります。保育料の高い認可外でも、あまり乗り気ではない「おばあちゃん」でも、短期間なら頼めるのではないでしょうか。預け先を決めて就職も決め、働き始めれば、認可保育園の選考での優先順位が上がるので入園しやすくなります。このあたりの事情も地域や子どもの年齢によって、ずいぶん違いますので、よく調べることが必要です。

それから保育時間。長時間の仕事に再就職する場合は、第三章などを参照して、その時間をカバーする保育を手配しなくてはなりません。ただし、子どもとずっとべったりいっしょだった生活から、いきなりの長時間保育になるのは、親も子もその大きな変化に耐えられないこともありますので、子どものようすを見ながら判断したほうがいいでしょう。

夫は意外な「障害」になる

ときには、子どもよりも大きな障害になるのが夫です。

最近は、生活の安定を考えて妻が働くことを望む男性もふえてきましたが、「家庭のことは女性の仕事」「子どもを産んで家庭を守るのが女性の幸せ」と主張する男性もまだ多いですね。特に、妻がしばらく専業主婦でいたという夫が共働きのライフスタイルに移行するのは、結構たいへんです。

もしも、夫が「子どもを産んで家庭を守るのが女性の幸せ」と一方的に決めつけているのなら、世間を見渡してもらって、そうではない女性もたくさんいることを理解してもらわなくてはなりません。本書の第一章で示した社会の変化についてお互いに学び、大人同士の対等な関係の中で今後のライフスタイルをどうするのか、話し合うことも必要でしょう。夫が求めているものはなんなのか、対話の中で夫自身に自覚してもらうことも大切です。女性の幸せとか、子どもの幸せとか言いながら、実は、帰りを待ってくれている人がいる、面倒くさい家事を片づけてくれる人がいる、という自分の心地よさを失いたくないのが本音だったりしませんか?

ここを乗り越えないとあとの解決が困難になりがちですが、夫を納得させることが望み薄なら、「とりあえず家計の足しに働かせてみて」という、なし崩し的な始まりでもしかたありません。妻が独力で共働き子育ての既成事実をつくるわけです。それを見た夫が「頑張っているな、助けてあげよう」と思うやさしさをもっていたら、物事はいい方向に進んでいくでしょう。

というわけで、最初は万全ではなくても、少しずつ生活を変えていくつもりでスタートするというのが現実的でしょう。

妻の働き方にもよりますが、夫の分担がないと共働き子育ては苦しいものになりがちです。「家庭にしわ寄せがいかない範囲で働いてもいいよ」という夫のセリフをよく聞きますが、「あなたが手伝わないと、家庭にしわ寄せができちゃうんですけど」と言い返したいですね。

夫に「僕が仕事に専念できなくて出世が止まったら、家計はかえって苦しくなるよ」と言われてしまうこともあるかもしれません。これは確かに現実味のある意見です。実際、いったん仕事をやめてしまった妻は、夫ほど稼げる仕事にはなかなか戻れません。働き続けている妻でも、昇格・昇給は夫より低迷してしまう人が多いはず。家計の戦略としては、夫婦均等分担が必ずしも「得」ではないでしょう。

何を重んずるかは、二人で決めることです。家計の合計が減っても、均等分担を選ぶカップルもいます。少なくとも、収入にかかわらず、お互いの仕事を尊重する気持ちは必要ではないでしょうか。

自分の意識改革も必要

意外に乗り越えられないのが、自分自身の意識という場合もあります。

たとえば、子どもをこぎれいにしておけないこと、部屋を毎日掃除できないこと、手をかけた料理などから遠い生活……。何よりも、小さな子どもを保育園に預けてしまうこと。

子どもを預けることについては、すでにいろいろ書きましたし、このあとの第七章でも書きます。

子どもにこれもしてやれない、あれもしてやれない、と引き算をするよりも、子どもの保育園での充実した生活に注目してはどうでしょう。専業主婦家庭の子どもたちがいろいろな習い事をしているのが気になる人は、そうやってお金をかけてどこかにいちいち連れて行かなくても、保育園で終日お友だちとの楽しい遊び（お仕着せではなく子どもたち自身の主体的なかかわり）が保障されていることの幸せを考えてみては？

保育園のケアに不安があるなら、保育園を見に行って、肌身で実感し、納得することです。認可保育園のリフレッシュ保育（息抜きのためでも預けられる一時保育）を利用して、そのよさに気がついたという人もいました。「百聞は一見に如《し》かず」ですね。

家事については、専業主婦時代の高いレベルを維持しようと頑張って疲れ切ってしまう人がいるので要注意です。両立のコツの第一番は「おおらかさ」だということを肝に銘じてください。

ただ、子どものことにしても家事にしても、「ここを省いたらだめ」ということはあるものです。子どもとの時間が短くなるぶん、しっかり心を通い合わせるために必要な作業（保育園での話を聞いてあげるなど）があったり、家の中で汚くしていると自分の心がすさんでしまう箇所があったりしますね（私の場合はトイレです）。そういう部分だけは、重点的におさえ、目をつぶれるところはつぶる、そんな暮らし方のバランスをとりたいものです。

それから、仕事がスタートしたら、「お仕事モード」の自分をつくらなくてはなりません。専業主婦生活が長くなってブランクが空いてしまった人は、仕事の感覚がつかめなくなっている場合があります。社内・社外の敬語の使い分けに象徴されるような組織の一員としての態度、チームワークをするときの責任分担の把握、勤務時間中の公私の区別などなど。現役時代を思い出してください。

パートタイム・派遣の労働条件は正社員とどう違うか

正規雇用・パートタイム・派遣の違い

実際には、それぞれ会社によって雇われ方が違うので、「すべてがこうである」ということは言えないのですが、だいたいの特色として解説してみます。

［正規雇用］

正社員、正職員、フルタイマー、常勤などといわれる正規雇用の場合、多くが月給制でボーナスや退職金もあり、雇用期間は決めない雇われ方になっています。定期的に昇給もあり、昇格・昇進もあります。厚生年金、健康保険、雇用保険にはもちろん加入します。最近、産休や育休、勤務時間短縮など子育て支援のための法整備が進みましたが、これを享受できているのは、ほとんど正規雇用の人たちです。

［パートタイマー］

パートタイマーは、働く時間が短いだけで、労働法等の適用は正規雇用と変わりません。パートタイム労働法は、パートタイマーの労働条件や福利厚生などの処遇を、正規雇用との均衡を考慮したものとするように求めていますが、実際には、かなりの格差があります。

時給制が多く、その金額は平均で見て正規雇用の時間当たり賃金に対して、女性で六〜七割、男性で五割程度にとどまっています（賃金構造基本統計調査）。ボーナスは出ても数万円の寸志程度のところが多く、家族手当・住宅手当や退職金が出る会社は少数派です。

厚生年金、健康保険、雇用保険などの社会保険は、「常用的雇用関係」にあるパートタイマーなら全員加入することになっています。パートタイマーが「常用的雇用関係」にあるかどうかは、厚生年金、健康保険は正規雇用のおおむね四分の三以上の時間・日数を働いていること、雇用保険は一週間の労働時間が二〇時間以上の場合や一年以上雇用されることが見込まれることなどが目安になっています（制度の見直し、32ページ以下参照）。

また、パートタイマーには、雇用期間を定めない契約と、雇用期間を定める契約（有期雇用）がありますが、最近は七〜八割が有期雇用になっているといわれています。契約上は期間が決められていても、契約を更新して比較的継続的に雇われている場合が多いので、この点が断続的な雇用になりがちな派遣とは異なっています。

ただし、契約更新を重ねて継続的に雇われていたにもかかわらず、突然「更新しない」と言い渡される「雇い止め」が社会問題になり、一九九九年、労働省（現厚生労働省）は「有期契約でも契約更新を重ねてきたパートタイマーの更新を打ち切ることは解雇と同じであり、一か月前の予告を必要とする」という指針を出しました。
育児休業などの制度も、継続的に雇われているという実績があればパートタイマーでも取得できるというのが育児・介護休業法上の規定です（一年以上勤務した者は育休をとることができる）。とはいえ、育休がとれているのは官公庁の非常勤くらいで、民間ではほとんど取得できていないのが現実です。

［派遣］

派遣という働き方が、正規雇用やパートタイマーと本質的に違っているのは、雇用関係を勤務先とではなく人材派遣会社と結ぶという点です。人材派遣会社に登録し、そこで勤務先を紹介され、勤務することになったとき、三者は契約を結びます。働き手は人材派遣会社と雇用関係になり、派遣先会社の指示や管理のもとに働きます。

人材派遣はもともと専門的業務に従事する人材の派遣を認めた制度でしたが、一九九九年の制度改正で従来の二六の専門的業務（通訳、秘書、研究開発、アナウンサーなど放送関連業務、添乗員、ほか）以外の一般的な業務についても、「臨時的・一時的な労働力の活用」を目的として認められるようになりました。

さらに、これまでは不安定な雇用が常態化することの懸念から、同じ勤務先の同じ業務で働き続ける期間は一年間（専門的業務は三年間）に制限されていましたが、二〇〇三年より、三年間（専門的業務は制限なし）に延長されることになりました。

改正法案の中には、派遣先の会社が派遣されている労働者を、派遣期間を超えて働かせようとするときは、その労働者が希望すれば、直接労働者に、雇用契約を申し込まなくてはならないと書き込まれています。今のところ、派遣から正規雇用になる例は少なく、期間を超えて継続的に働いてもらいたい場合は、配属部署を替えて改めて派遣契約をするということも広く行われてきました。今後の動向が注目されます。

派遣の時給は専門性の高い職種ほど高く、二〇〇〇円を超えるものもありますが、一般事務などでは一一〇〇〜一五〇〇円くらいが多くなっています。また、交通費は別途支給されないことが多いのも派遣の特色です。

厚生年金や健康保険、雇用保険などの社会保険は、雇用主である人材派遣会社で加入することになります。

登録者を加入させるかどうかは人材派遣会社が決定します。原則的には、雇用保険では一年程度の継続雇用が見込まれ、家計補助的な働き方でないということが加入の目安になります。厚生年金・健康保険は二か月以内の雇用契約では加入不要になります（登録しているだけでは雇用されていることにならない。派遣先会社との契約が成り立っている期間だけが人材派遣会社での雇用期間となる）。ただし、契約は二か月以内でも、引き続き派遣就労が見込まれる場合は加入できることになっています。

とはいえ、特に厚生年金・健康保険は短期で切り替えていくと手続きが面倒なこともあり、人材派遣会社も本人も加入しようとしないまま、すんでいたことも多かったようです。しかし、社団法人日本人材派遣協会が二〇〇二年五月に健康保険組合をつくり、派遣期間（雇用期間）が終了しても、次の派遣契約が一か月以内に始まる見込みのときに、雇用期間が続いているとみなして健康保険を継続する「みなし雇用（人材派遣会社が被用関係継続を認めたとき）」の場合や、雇用期間が切れている間も登録者の任意で継続する場合などの健康保険料を低く抑える制度を整え、一歩前進しました。これからは、人材派遣会社での社会保険の整備が進むものと期待されています。

パート・派遣、五人のケース

解説だけではイメージがつかみにくいと思いますので、実際に、子どもを育てながらパートタイマーや派遣として働いているママたちの声を聞いてみましょう。

●Yさん／子ども二人・信用金庫で働くパートタイマー

金融機関に正社員として勤めていたが、夫の転勤で退職。六年間のブランクのあと、第一子が幼稚園の年中組のときに再就職。

［感想］

「とりあえずリハビリのつもり」で決めた職場で、もう四年間勤めました。

再就職活動では、正社員の募集にも応募しましたが、残業が条件になる仕事が多く、自分はバリバリ働くタイプではないと思ったので、あきらめました。下の子が小さかったことと、引っ越ししたばかりで環境に慣れていなかったこともあって、自宅と保育園からの距離が近く、自分の条件に合うところを探すしかないと思いました。幸いハローワークで近くの信用金庫の募集を知り、応募したら無事決まりました。以前、金融機関に勤めていた経験が買われたのだと思います。就職活動は一か月くらいでした。

今、三人目の子どもがほしいのですが、勤務先が合併するので、それどころではない感じです。時給は九七五円で、交通費が出ます。九時から一六時まで週五日働いていますので、扶養控除の範囲からはずれていますし、社会保険にも加入しています。残業はしていません。

大学を出たのにこの時給でパート？　と思うことがあります。でも、今は世の中全体がきびしくなっていて、同じパートの人が「扶養をはずれて働きたい」と言っても会社が承知しなかったりするようです。私を採用してくれた支店長はいい人でした。採用当時は今ほどきびしくなかったのかもしれませんが、お陰でフルタイムパートとして働けます。私は、前から「自分の社会保険は自分で払いたい」と思ってきました。扶養控除のために仕事をセーブするのって、本人の気持ちとしてはどうなんだろうと思います。

●Tさん／子ども二人・薬局で働くパートタイマー
薬剤師として正社員で働いてきたが、出産で退職。一年間育児に専念したあと、資格を活かして再就職。

［感想］

専業主婦として一年間子育てに専念しましたが、公園での母親同士のおつきあいが負担になっていましたし、子育てはたいへんでとても一人じゃたちうちできないと感じ始めていました。そんなとき、近くの公立保育園のリフレッシュ保育を利用して、保育園のよさに気がつき、子どもを預けて働こうと思いました。保育園には子育ての専門家がいて安心できました。

今の職場は、ハローワークで見つけました。一年勤めたところで二人目が生まれることになり、産後もここで働きたいと希望しましたが、パートなので育休制度もなく、「まあ、産んでから考えたら」と言われて退職しました。退職後も連絡をとり、四月（生後一〇か月）になったら下の子を保育園に預けて復職したいと頼んでいたのですが、一二月に退職者が出て「今なら雇える」と言われました。そこで、保育園に頼み込んで自由契約児として預かってもらい、生後六か月で無事に今のところに復職しました。ふだんは九時三〇分から一七時までの勤務ですが、今は三人目を妊娠中なので、一時間短くしてもらっています。扶養控除をはずれる収入があります。

●Aさん／子ども一人・物流業で働くパートタイマー

結婚後、パートタイマーとして、宝飾品の原型づくりの仕事を一〇年間続けてきた。途中、子どもが生まれて一年ほど休職。その後、復職して子どもが五歳になった今年、体をこわして転職した。現在は一日四時間半勤務のパートタイマー。

〔感想〕

結婚後、残業のないパートタイマーの働き方を選びましたが、時給一〇〇〇円で九時から一八時まで週五日働いていましたので、扶養控除からははずれていました。好きな仕事でやりがいもあったのですが、今年、体をこわして、やむなく転職しました。今の職場は商品の検品などをする仕事で、前の仕事とはまったく違うものです。転職のときは一か月ほどハローワークや折り込みのチラシ、無料の就職雑誌などに当たって、いろいろ職探しをしました。土日勤務のある仕事などを避けているうちに、ここになりました。

まわりはこれまで専業主婦だった人ばかりで、週三日程度働けばいいという雰囲気です。私はもともとフルタイムで働いていましたから、そのほうが性に合っていて、今も週五日働いています。毎日出勤するパートは私しかいないので、何かと便利がられています。でも、一生やっていく仕事ではないですね。一日の勤務時間は短いので、時給は九〇〇円でも扶養控除の範囲内です。今は、体をいたわる時期と考えています。

●Mさん／子ども一人・通信会社で働く派遣

もともとはホテルのレストランに勤務。その後、ファミリーレストランのアルバイトと、郵政局の非常勤をかけもち。結婚・出産で仕事をやめたが、子どもが一歳になって派遣に登録。通信業の事務に決まる。

［感想］

夫の収入で暮らせないことはなかったのですが、夫も派遣社員なので生活が不安定でしたし、子どもと二人でひきこもるような生活は避けたかったので、一歳になったら再就職することを決めていました。

昨年一一月、近くに認証保育所（認可外・都の助成施設）ができたので、すぐに子どもを入園させて再就職活動を始めました。保育料は月六万円ですが、派遣で働けば払える見込みでした。一月に今のところに派遣が決まり、一〇〇〇円以上の時給をもらっています。

私は結婚前、接客業しか経験がなかったのですが、ファミリーレストランのアルバイトをしていたときに、知り合いから郵政局の事務の仕事を紹介され、かけもちで働いたのがよかったと思います。そこでの一年半足らずの事務経験が活きて、今回の派遣先が決まりました。事務経験は「三年以上」くらい要求されることが多いみたいですが、今の職場は、パソコンも入ってから覚えたらいいと言われるくらい条件がゆるやかでした。仕事内容は、営業をバックアップする事務をしている正社員の方の補助で、勤務表の整理をしています。その正社員の方は独身の女性ですが、いい人で、子どもの病気で休んでも「自分も具合が悪くなることがあるからお互いさま」と言ってくれます。事務の仕事は融通がきくし、楽ですよね。

出産前に勤めていた郵政局は非常勤でも育休をとれそうだったのですが、都心まで一時間半の満員電車通勤に自信がなくてやめてしまいました。時給は八〇〇円で安かったけれど、社会保険に入れて失業手当ももらえたから、よかったと思います。

今は派遣会社の厚生年金・健康保険に入らなくてはならないのですが、まだ加入していません。以前は、派遣会社も社会保険の加入がいい加減だったらしいですが、最近「うるさくなってきた」と聞きました。このままでは夫の扶養をはずれる年収になるので、焦っています。扶養をはずれる手続きをしなくてはならないのですが……。

●Iさん／子ども二人・旅行会社で働く派遣

新卒で銀行に就職、ホテルに転職後、第一子の出産で退職した。二年ほど専業主婦をした後、大手派遣会社に登録して一年間派遣で働く。第二子が生まれて、再び一年間の専業主婦のあと、税理士事務所、ホテルでパートとして一年程度ずつ働き、実家の近くに引っ越してからは派遣に登録し、現在は旅行会社のイベント部門に派遣されている。

［感想］

子どもが生まれることになって、それまでのようにエンドレスに仕事をするような働き方はできないと思ったし、夫が同じ職場にいたこともあって正社員をやめました。それ以来七年間、正社員での再就職を希望しているのですが、戻れません。

今の職場は、「残業しない」という条件で働いています。旅行業の資格やホテルでの勤務経験があったので決まったと思います。「大丈夫そう」と思ったから残業しないと言えましたが、普通、最初から「残業しない」という条件を出していては、仕事の紹介がなかなかきませんね。

仕事内容は、スポーツイベントのいろいろな手配をしています。面白い仕事ではあるのですが、満足はしていません。派遣の私たちは「このイベントの予算はいくら。いくらの派遣をつける」というふうに、コストとして扱われています。そんなふうなので、仕事をしながら「こうしたらもっとよくなるかも」と思っても、努力しようという気が起こりません。組織の一員として働く喜びがほしい。

派遣とパートのメリット・デメリット

派遣もパートタイマーも職場の条件はさまざまですし、職場に何を望むかも人それぞれですので、どちらの働き方がいいかは一概にはいえません。

職場の人間関係がよいことがいちばんで、仕事の中身もそこそこやりがいがあればなおよし、と考える人は多いと思いますが、それが派遣なのかパートなのかはわかりません。

両者の特色をごく一般的に整理してみましょう。

まず、収入面では派遣が有利です。ただし、派遣先の会社はそれだけ人件費をかけるわけですから、派遣社員には即戦力の実力を求めます。実務経験、資格、前の仕事での実績など「売り」になるものがあるほど、派遣で条件のいい仕事をゲットできる可能性が大きくなるでしょう。ただし、派遣はどうしても短期間の勤務になりがちですので、勤務先や配属先が頻繁に変わることを覚悟しなくてはなりません。それを、「人間関係にわずらわされずにいい」と感じる人もいれば、疎外感を覚えたり、仕事の達成感がないと感じる人もいます。また、今は独身女性がたくさん人材派遣会社に登録しているので、子育て中の人は残業ができないことなどが不利になることも多いようです。さらに、人材派遣会社のコーディネーターが、仕事の希望をよく理解してくれなかったり、勤務が始まってから何かあっても十分に対応してくれなかったりすることもあるようです。

一方、パートタイマーは職場とストレートな関係であることが派遣に勝るメリットです。いい職場を見つけて、いい関係になれたら、ずっと勤め続けられることも多いでしょう。昇進や昇給はあまり期待できませんが、パートタイマーの戦力化に熱心な職場では、それなりの評価も期待できます。流通業などでは、パートタイマーから正社員に登用する制度を設けている会社もあります。安定して働けるという点では、一般的に官公庁の非常勤が条件はかなりいいようです。なお、なるべく家の近くで働きたいという場合は、派遣よりもパートタイマーの求人をたどったほうが近道であることが多いでしょう。

扶養をはずれるかどうかという悩み

再就職する人たちが一回は悩むのは、この点です。

社会の一員として、年金・健康保険料などを収めるのは当然というのは正論なのですが、実際に扶養される身になってみると、これらの特典はあまりにも引力が大きいのです。

実際には、夫の配偶者控除・配偶者特別控除の額は妻の所得額に応じて階段状に増減され、「ここから控除がなくなる」という境目が感じられなくなっています。しかし、夫の会社が支給する配偶者手当が、「配偶者の収入が一〇三万円未満」を条件にしている場合が多く、たとえば配偶者手当が月一万円なら、年間一二万円にもなり、このカベを超えるなら妻のほうの収入がそれだけふえなければ損をするということになります。

そこを乗り越えて収入をふやしていっても、次に妻自身が自分の厚生年金・健康保険料を払うようになる段階があります（この二つの加入要件は同じ）。この節で説明したように、実際の加入状況はパートタイマーか派遣か、勤務先がどう対応しているかという事情によって一律ではありませんが、少なくとも年収一三〇万円を超えたら、国民年金の第三号（保険料を払わなくても配偶者の保険料で年金が受けられる）からはずれてしまいますので、必ず払うことになります。

しかし、第一章でも解説したように、これらの制度は縮小することがはっきりしてきました。

配偶者控除・配偶者特別控除の額は大幅に縮小されますし、厚生年金の適用拡大が検討されています（32ページ以下参照）。

こういった制度改革に対して、雇用主がどう対応するのか、働き手自身はどう反応するのか、変動期には混乱も予想されていますが、いずれは、税金や社会保障費をより多くの層で負担するように変化していくことは、間違いないと思われます。

今、妻自身がずっと「扶養の範囲内」の働き方でいいのかどうか。そこで足踏みしている間に、仕事をレベルアップしていくチャンスを逃し、年齢も上がって選択肢も減っていくかもしれません。「扶養の範囲内」の損得にとらわれすぎず、自分にとって、家族にとって、納得のいく働き方、暮らし方を長い目で見て考える必要がありそうです。

再就職活動はここをしっかりおさえよう

正社員・パートタイマーの求人情報入手法

専門雑誌やインターネットで、たくさんの求人情報が簡単に手に入るようになりました。あふれる情報にまどわされずに、自分が望む仕事・働き方を見つけるためにはどうすればよいのでしょう？

［ハローワーク］

失業保険をもらう関係もあり、公的機関（ハローワーク、パートバンク、両立支援ハローワーク）を利用する人は多いはずです。

これらには、企業からの求人票が集められていて、ファイルやコンピューター検索で求人票を閲覧できます。求人票とは、労働条件など、雇われる人が知らなくてはならない情報の一覧表です。

これと思う求人があれば、ハローワーク経由で申し込み、会社に面接や試験を受けに行きます。

ハローワークのいいところは、安心できる公的機関だということ。労働基準法に違反しているような求人内容の求人票は受けつけません。求人の条件が一社ごとに定型的な書式に書き込まれてオープンになっているので、条件の不備もすぐにわかるし、同業他社との比較もできます。求人票に不明な点があれば、ハローワークの窓口でたずねれば、係の人が会社に確認もしてくれます。雇われてから、いわれていた条件と違っていた場合は、ハローワークに証拠がありますので、交渉もしやすいでしょう。コンピューター端末を自由に使って、地域や仕事内容、月給・時給の額で検索できるハローワークもあります。

再就職活動初心者としては一度はたずねて、まず求人・応募の基本的なことを教わるとよいと思います。

［折り込みチラシ・求人雑誌・インターネット］

このほかにも、求人情報はいろいろあります。

新聞や折り込みチラシは家で気軽に見られる求人情報です。新聞では広範囲な募集、チラシでは地域の小さな求人情報が得られます。街角の張り紙も見逃せません。

求人雑誌やインターネットには、あふれるほどの情報がありますが、その中から自分の条件に合う仕事を探し出すのは思いのほかたいへんかもしれません。

たくさん情報があふれていても、仕事内容、勤務日や勤務時間、勤務場所などの条件でしぼっていくと、採用されたい仕事が一つも残らない場合もあります。がっかりして疲れてしまうかもしれませんが、そんなものだと思いましょう。求人情報はどんどん入れ替わっていきますから、どこでどんな「ご縁」に出会えるかもしれません。仕事探しはねばり強く継続的に情報に当たるしかないのです。

働く条件は、ここをチェックして

どんな雇用形態で雇われるにしても、条件を明確にすることはとても大切です。疑問点は最初の問い合わせのとき、面接のときなどに「〜はどうなんでしょうか？」とさらりと確認しましょう。

①仕事内容……内勤か外勤か、一般事務なのか経理事務なのか、たとえば「電話を受ける仕事」とある場合、どんな電話なのか、応募する前に問い合わせて、なるべく具体的に説明してもらうこと。

②賃金……賃金は求人情報の最重要チェック項目。「月五〇万の高収入」などというコピーが大きく書いてあっても実は歩合制で、ノルマが達成できなければわずかな固定給しかもらえないという場合もあるので要注意。

③月給制……毎月の基本給の額が保証されている方式。欠勤があっても、基本給の額は固定。

④日給月給制……欠勤があると基本給が日数ぶん減額される。

⑤時給制……一時間単位の報酬を決める方式。

⑥年俸制……役員や管理職などに適用する会社がふえている。前年までの実績などから一年間の報酬を年額で決めて契約する方式。

⑦歩合制……営業等の職種で、契約数や売上高に応じて報酬額を決める方式。

⑧週休二日制・有給休暇……休日は土日でないところもある。有給休暇が最初はゼロの会社もあるが、パートでも六か月以上・出勤率八割以上で勤務すれば有給をもらう権利がある。

⑨社会保険……「社会保険完備」と書いてあっても、厚生年金・健康保険・雇用保険・労災保険など全部の保険には入っていない会社もある。

⑩年齢……応募者が採用者の求めるもの（経験、能力、資格など）をもっていれば、求人票で示された上限を多少オーバーしていても採用されることは多い。
⑪勤務地……勤務場所が求人広告を出している本社の住所とは違う場合もある。交通費は重要。正社員にはたいてい出るが、パート・派遣には出ない場合もある。
⑫勤務時間……子どもをかかえる身には勤務時間は重要ポイント。通勤時間を加えても保育園の保育時間内におさまってくれなくては困る。

派遣の仕事の探し方

ここのところ、派遣社員を活用する会社がふえ、派遣社員の数も、人材派遣会社の数もふえてきました。大手は各地に事業所を置き営業しています。

派遣社員として働く場合には、すべてが人材派遣会社の手中にある、といってもいいかもしれません。あなたの希望を聞き、それを理解して合致する派遣先を紹介してくれるというだけでなく、派遣就労中のさまざまな待遇や条件は、人材派遣会社とあなたの間での契約になります。派遣先とトラブルがあれば、人材派遣会社のコーディネーターが間に入ります。

このため、質の悪い人材派遣会社に登録してしまわないように気をつけることが必要です。人材派遣業は許可制です。許可を受けた業者かどうかわからなければ、その地域のハローワークで確認できます。社会保険などをどう扱っているかもチェックポイントです。前の節でも書いたように社団法人日本人材派遣協会の「人材派遣健康保険組合」に加入している人材派遣会社であれば、厚生年金・健康保険は整っているはずです。二〇〇三年三月末現在の加入事業所は一六一事業所、加入者は約一二万七二六四人だそうです。

今は、複数の人材派遣会社に登録している人もめずらしくありません。近くにいろいろあるようであれば、五～六社登録してもよいでしょう。

人材派遣会社に電話で申し込むと、登録用紙を送ってくるので、それに記入して提出します。その後、コーディネーターとの面接があり、職務経験や希望などを伝え、紹介を待ちます。コーディネーターから派遣先の紹介があったら、その内容を確認し、納得できれば承諾の返事をして、派遣先での勤務が始まります。

しかしコーディネーターもさまざまです。人材派遣会社を利用したある人は、

「コーディネーターの社会常識を疑うこともありました。いかがわしい薬を売っている会社を紹介してくるので、そういうところはいやだと言ったのですが、何が悪いのかわかってないみたいでした」

と不満をもらしていました。

すでに説明したように、派遣では専門的なスキルや知識をもっている人が有利です。また、子育て中で残業ができないのは、不利になる可能性があります。

最近は派遣に二〇代の独身女性の登録がふえ、年齢が高いと不利という話もありました。そ

こで、社団法人日本人材派遣協会に聞いてみると、

「派遣三五歳定年制なんていう人もいますが、年齢が高くてもスキルとやる気があれば派遣先は採用します。派遣は時給が高いですから、派遣先企業も人材の質にこだわらなければ損なのです。自分の何が売りになるか、これまでのキャリアを振り返って、整理してコーディネーターに伝えてください。大企業で研修を受けてきた経験なども評価されると思いますよ」

ということでした。競争はきびしいようですが、チャンスはあるということです。

第五章　働き始めてからの悩み

子どもの病気というピンチ

子どもは病気をするものと考えよう

ゆとりがあれば親も「子どもが熱を出したときくらいはそばにいてやりたい」と考えられますが、保育園に行けない日が年間二〇日にも三〇日にもなると、「なんとかしてー」と悲鳴を上げたくなります。

労働組合の中央組織である連合（日本労働組合総連合会）が母親社員たちを対象に実施した調査で、一年間に保育園に預けられなかった日数をたずねたところ、全年齢平均で約一六日でした。これを入園当初一年間の日数ということで聞くと、約二七日間、ゼロ歳児では約三〇日間にもなりました（一九九九年「子ども看護休暇に関する調査報告書」）。

「保育園を考える親の会」に寄せられた「はじめての育児休業から復職して二か月、子どもの病気が続いて月の半分しか出社できず、会社のトイレで悔やし泣きしました」というおたよりには、私ももらい泣きしました。

「集団保育は感染症にかかりやすい」というのは本当です。幼稚園でも入園当初は病気になりやすいそうです。でも、幼児期に十分に免疫をつけておけば、小学校入学後はほとんど病気しなくなるというのも本当です。多くの子どもが入園後二〜三年でめきめきと丈夫になり、親を驚かせるものです。

ゼロ〜一歳児だと、入園当初はとにかく病名がつかないような発熱が多いでしょう。熱が高くなると、保育園では預かれないことになっています。下痢や嘔吐があっても同様です。それは、普通の保育園が病気の子どもを十分に看護してあげられるだけの設備や人員をもっていないためです。

感染症の場合は感染の危険がなくなるまで登園できません。保育園でよくはやるのは、風疹《ふうしん》、おたふく風邪、水ぼうそう、手足口病《てあしくち》、冬の下痢、インフルエンザ、はしかなどです。これらは、一週間から二週間登園できないことがあります。病気明けの登園のときには医師の治癒証明書が必要な保育園もあります。

誰が看護するのか

働く親にとって、子どもの病気はいつも「不意打ち」です。朝起きたら熱があった、職場で仕事をしていたら保育園から電話がかかり熱があると言われた、という形で始まります。しかもあわてて病院に連れて行くと、「一週間は休んでください」などと簡単に言われてしまいます。忙しくて仕事がたまっていたり、大事な会議があったり、交替できる人がいないときに限って、そんな事態になりがちです。

「朝、熱があるとわかると夫婦の間に冷たい空気が走ります。『オレは休めないからな』と夫に先に言われて、『私だって休めない』と言い返しますが、結局いつも私が休むことになって悔しい。でも、いちばんかわいそうなのは、その夫婦ゲンカを聞いている子どもかも」

「どうしても会社ですることがあって、熱のある子どもを夫に頼んで会社に行きました。午前中ですませて帰ってくるつもりが遅くなり、午後に約束があった夫はスーツの上に子どもをおぶって駅まで来て、私に子どもをバトンタッチすると超特急で仕事に出かけていきました」

「うちはしばらく保育園に行けないとわかると、北海道から飛行機でおばあちゃんに来てもらうので、フライングベビーシッターなんて呼んでいます」

などなど。仕事の責任を果たそうと必死になる親たちのエピソードには事欠きません。仕事が休みにくい人は、いざというときのために、助けてくれる人の手を確保することは必要です。でも、子どもが病気をしやすい時期は、親も仕事を休むことをある程度覚悟しておくべきです。夫婦で痛み分けできる場合は、交替で休むなどの工夫が必要です。

パートタイマーの妻が休むよりは、正社員の夫が有給休暇を取って休んだほうが、収入面でも助かるし、仕事も代わりの人がいるという場合もあります。

「そんなときは自分の体調が悪いことにします」

と言う父親もいました。男性が子どもの病気で休むということを理解してくれない職場もまだ多いですね。

子どもが病気のときに、いちいち夫婦ゲンカをするのでは芸がありません。前もってどう対応するかを話し合っておいて、いざというときには感情的にならず、お互いの仕事の都合を出し合って冷静に調整できるようにしたいものです。これは私自身の反省でもあります。

二〇〇二年の育児・介護休業法の改正では、看護休暇が努力義務として盛り込まれました。小学校入学前の子どもを育てる男女社員が子どもの看護をするために休暇がとれる制度をつくるように促されています。改正法の施行とともに導入した大企業もあります。今後の普及が待たれます。

仕事を休みやすい環境のつくり方

いざというときに仕事を休めるように、こんな条件を整えておくとよいでしょう。

- 子どもの病気や保育園事情について、上司や同僚に話しておいて、休まざるをえない状況に対しての理解を得ておく。
- 自分の裁量でできる仕事は、なるべく前倒しに進めておく。
- 休んだときにまわりが困らないように、書類などはわかりやすいところに置いておく。
- ふだんから仕事の報告はこまめにし、上司・同僚と情報を共有しておく。

- 自宅にもファックスやパソコンを入れ、家でも緊急対応ができるようにする。
- 休んで遅れたぶんを残業や休日勤務で少しでもカバーして責任感を表す。
- 仕事をカバーしてくれた同僚たちに、積極的に感謝の気持ちを表す。

そして、何よりも、上司や同僚から「お大事に」と快く休ませてもらうためには、日ごろからきちんとした仕事ぶりを見せておくことが大切です。できるときはできる努力をする、できないときはまわりの助けも素直に受ける、助けてもらったら謙虚に感謝しお返しができるときに頑張るという、めりはりのある働き方をめざしましょう。

助っ人をどうやって確保するか

子どもの病気は急変することがあるので、軽く考えていては危険です。風邪をひいたときに無理をさせているうちに肺炎になり、入院してしまったという話は、私のまわりでも何回かありました。

しかし、熱が上がる急性期を過ぎたあとや、子どもの状態が安定しているとき、発疹が消えるのを待っている時期などは、誰かに看護を頼めるようにしておけば助かりますね。

親以外では、子どもの祖父母に頼るという家庭が圧倒的に多いのですが、実家が近くなければ、頼めません。身内以外では、ベビーシッター、ファミリーサポートセンター、民間保育ママなどで病後児を受けてくれるところがあるはずです。

最近は、病後児保育施設が整備されてきました。厚生労働省の補助金が出ている事業で「乳幼児健康支援一時預かり事業」という長い名前がついています。保育園や診療所、医院などに専用室が設けられ、看護師や保育士が病気回復期の子どもを預かってくれます。医院に併設された施設では、急性期でも看護してくれる場合もあります。また、保育園に併設された施設では、その保育園の子どもだけではなく、地域から広く受け入れています。

一日の保育料は二〇〇〇（国の示す標準額）～四〇〇〇円程度。小規模で手厚く職員がつくように基準が決められているので、預けてみた親の評判はよいようです。二〇〇三年三月末現在で三一二か所あります。「iー子育てネット」で検索できます。補助金事業ですので、役所に聞いても教えてくれるはずです。

残業や出張は引き受けるべきか

残業を強いられる人、望む人

この節のタイトルの主語はなんでしょう。やはり「母親」を連想する人が多いでしょうね。

父親が残業や出張をするのに、誰も「どうするの？」「子どもが大丈夫？」なんて聞きませんから。そのあたりにも大いに問題を感じますが、とりあえず一般的に「母親」の問題として考えてみましょう。

子どもを預けて働こうという決心はできても、残業までこなすべきかどうか、迷う人は多いと思います。第四章で、「育児休業復職後子どもが小学校に入学するまでは時間外労働を断ることができる」という育児・介護休業法の規定について書きました。法律上は時間外勤務になる出張や残業をしたくないと言えば、原則として会社は認めなくてはいけないことになっていますが、正論が通らない職場もあります。

一方で、子どもを産む前から第一線で働いてきた人が、仕事のペースを維持するために、積極的に残業や出張を自分から願い出る場合もあるでしょう。

残業をするような働き方をすれば、当然家庭にいる時間は少なくなりますから、家事や子育てがあわただしくなることは否めませんが、条件が整えばやりくりは可能です。頑張ってやりくりするのか、子育てにかける時間のほうを重視するのかは、それぞれの家庭、子ども、仕事の状況によって判断しなくてはなりません。判断のポイントはどこにあるのか、そのために必要なことは何か、考えてみましょう。

実家の援助は万能ではない

実家の全面的な援助がある人の中には、子どもを産む前とまったく変わらない生活をしている人もいます。毎晩残業で、ほとんどハードワーカーの父親と同じです。だからといって、必ずしも子どもに悪い影響が出るわけではありません。実家がしっかり親代わりを務めてくれたら、子どもはたくましく育っていると思います。

ただ、親としての子育ての楽しみが減ってしまうことは覚悟しなくてはなりません。子育ての楽しみは、あまりに子どもにべったりでも感じられにくくなりますが、あまりに子どもと接する時間が短すぎても、そのチャンスを逸するのではないかと思います。

また、実家にまかせっきりにしているくせに、そのやり方が気に入らないということが多々起こります。子育てや家事を自分でコントロールできないことにストレスをためるような場合は、やはりある程度自分たちで担っていったほうがよいでしょう。

バランスがよさそうでうらやましいのは、基本的に母親・父親でやりくりしていて、二人とも遅くなるような日だけ実家で見てもらうような援助の受け方です。

残業も父親・母親でシェアリングしよう

かなり大きなポイントとなるのは、父親とのシェアリングができるかどうかだと思います。

男性社員が定時に帰ることを許さないような職場もありますが、最近は子もちでなくてもプライベートの用事で定時退社する若い人もふえているのではないでしょうか。毎日が無理でも、母親の残業の日だけでも父親が定時退社してくれたらずいぶん助かりますね。

二人でシェアリングするメリットは、どちらかの親が家庭に早く帰ることで、家事を少しでも進められる点です。夕飯をつくりながら洗濯機を回しておくことができるだけでも、あとが楽です。

長時間保育・二重保育のメリットとデメリット

102ページの「わが家の保育体制をどう組み立てるか」にくわしく書きましたが、保育園の延長保育や二重保育のサービスを利用すれば、多少お金はかかっても、残業時間をカバーできます。保育園の延長保育を利用できれば安上がりですし、いちいち人を手配するたいへんさもありません。ただし、認可保育園の延長保育は午後七時か八時ごろまでのところが多いので、通勤時間が長い人が残業するには少し中途半端かもしれません。また、定員制で年度はじめに申し込んだ固定メンバーしか利用できない園もあり、たまに残業するのでは使いづらいようです。

二重保育については、いろいろなサービスがある都市部であれば、臨時的に保育時間をカバーしてくれる人やサービスは見つけやすいでしょう。

夜の時間を集団保育で過ごすのか、それとも保育者や自分の家など家庭的な場所での時間とするのか、夕飯をどうするのか（先に食べさせてもらうのか、親といっしょに食べるのか）、などなど、子どもにどんな生活をさせたいのかを具体的に考えて、選ぶ必要があります。

泊まり・深夜勤務のある仕事の場合

泊まりの出張の場合は、また事情が違ってきます。

なんとか父親が帰宅できる時間まで保育をつなぐか、実家に預けてしまうという方法で乗り切っている人がほとんどだと思います。

保育サービスで泊まりができるところとなると、ベビーホテルになってしまいがちです。頼むのであれば、厳選しましょう。

国際線のスチュワーデスの方が、小規模で数人だけ預かる個人経営の保育ママのようなベビーホテルに預け、「とても家庭的によく見てくださる」と感動していました。小規模なところなら、経営者がしっかりしていれば、比較的安心だし、子どもも安定しやすいと思います。そのほか、ベビーシッター会社によっては泊まりサービスもあります。民間保育ママなど個人で「泊まりOK」という人が見つかる可能性もあります。

子どもと仕事へのこだわりを、夫婦で話し合おう

前述のような条件がたやすくそろうようであれば、残業のある仕事もできます。

条件をそろえられなくはないけれど、残業をしない働き方を選ぶ人もいるでしょう。「自分

には無理だから」「体力がないから」「自信がないから」などなど、理由は人それぞれです。きっと「家庭の時間を大切にしたい」という気持ちも強いと思います。とても共感できます。

一方、ちょうど働き盛りの年ごろですから、残業して家庭生活が忙しくなっても「いい仕事をしたい」「自分の責任を果たしたい」「仕事のチャンスを逃したくない」と考える気持ちも、とてもよくわかります。

両方の気持ちをもって迷っている人が、いちばん多いのかもしれません。

結局、自分がもっている材料（自分の体力・実家・夫婦の分担・保育サービス・子どもの心身の状態）に大きく左右されてしまうのですが、その中で、自分は、パートナー（妻・夫）はどうしたいのか、振り返ってみることは大切です。子どもへのこだわり、仕事へのこだわりを夫婦で話し合う時間があってもいいですね。

ある家庭では、子どもが小さいうちは妻がもっぱら保育園のお迎えを担当していましたが、子どもが大きくなるにつれ、夫が先に帰って夕飯をつくる日も多くなりました。夫の意識や仕事の忙しさの変化もありましたが、特に子どもが二人とも小学生になってからは、やりやすくなりました。管理職の夫としては、定時に職場を飛び出して保育園のお迎えを担当しろと言われるときついけれど、午後六時過ぎに出るのであれば、まわりへの気兼ねも少なくてすむということでした。お陰で、以前は「妻が残業したいときに夫に頼む」体制だったのがいつの間にか、「夫が残業したいときに妻に頼む」体制になっているそうです。

配属される部署、担当する仕事によって繁忙は変化しますから、そのときどきで早帰り当番を交替し、長期的に両方の仕事のバランスをとっていくという考え方も可能ですね。

では、子どもの状態という点からはどんなことがいえるのでしょう。これは次の節に回します。

長時間保育で子どもは大丈夫なのか

延長保育の実態

延長保育を利用して午後七時ぐらいまで子どもを預ける家庭はふえています。首都圏では、会社が午後六時近くに終わって通勤時間が一時間ちょっとというのは、よくあるケースです。こういう家庭では、同じところに勤める限り、延長保育なしでは仕事は続けられません。

そんな親たちに「延長保育の感想」を聞いてみると……。

まず、保育園での延長保育時間中は、子どもの人数が少なくなるために、年長の子どもと遊べたり、保育者を独占できたりして、子ども自身は結構楽しんでいるということでした。ある園長先生も「保育時間が長くなっても、子どもたちはそれなりに楽しく時間を過ごせてしまうものです」と言っていました。

不都合を感じたこととしては、ゼロ〜一歳児期は子どもが疲れがちだった、お迎えが遅い日が続くと不安定になったこともある、家で遊ぶ時間が少なくなると欲求不満がたまっているように見えたこともあった、といった話がありました。

幼い子どもには時刻はわかりませんが、お友だちが帰ってしまうと「お迎えが遅い」と感じるようです。そこで、親たちは「最後の一人」にならないように、お迎えを急いだりします。でも、どうしたって誰かは「最後の一人」にならざるをえませんね。

「最後の一人」になって、保育士さんとマンツーマンになるのを楽しみにしている子どももいますので、保育者の、子どもの気持ちのもっていき方にもよるのだろうと思いますが、親が子どものことを気にかけている気持ちは大切だと思います。

親の態度がいい加減だと、それを敏感に感じ取る子どもがいます。ある認可外施設の経営者の方からこんな話を聞いたことがあります。

その方は、最初は働く母親を助けたい一心で午後九時までの二重保育サービスを始めました。あわててお迎えに来る母親たちに「あわてなくても大丈夫ですよ」と声をかけているうちに、お迎えがずるずる遅くなるようになり、子どもたちの心が不安定になっていきました。ちょっとしたことで「ママー」と泣き叫んでおさまらなかったり、お友だちにすぐに乱暴なことをしてしまう、そんな子どもたちの変化に心を痛めました。そんな子どもが、母親が早くお迎えに来るようになった途端、以前のような落ち着いた状態に戻るのも目にしました。

彼は資金難でこのサービスをやめてしまいましたが、親が「便利」を求めれば求めるほど、子どもは「愛情」を求めるということに、社会はもっと目を向けるべきだと話してくれました。

家庭での時間は質が大切

お迎えに遅刻すること自体よりも、それほど親の気持ちが子どもに向いていなかったということに、子どもたちの不安の原因はあったのではないでしょうか。問題は帰宅してからの時間にもあると思われます。

小さい赤ちゃんよりもむしろ幼児のほうが、家で親と過ごす時間のボリュームを感じるようです。そのボリュームがあまりに小さくなると、欲求不満を感じる子どもがいます。親のほうも、家で過ごす時間が短くなるわけですから、いろいろな用事が凝縮されてついバタバタしてしまいます。

そこで、延長保育を利用している親たちが口をそろえて言うのは、「帰宅してからは子どものことを最優先にできるようにした」ということです。

たとえば、食事の準備は速攻で、食事の後片づけなど子どもに背を向けなくてはならない仕事は後回しにする、食事、お風呂、少し遊んで、寝かしつける……という子どもと向き合う作業を優先させる、その中でスキンシップや会話をする時間を確保する、という方針です。ふだんは夫や実家にお迎えを頼んでいるある母親は、「どんなに遅くなっても三〇分は子どもと話せる時間に帰る」を鉄則にしていました。

家で親と過ごす時間のボリュームと書きましたが、これは時間の長さのことではありません。短くても、密な時間をもてれば、ボリュームは大きくなると思います。最低限の長さは必要ですが、むしろその時間の質が大切だと思います。

私の身近にいる延長保育利用の親たちは、忙しいながらも子どものことをしっかり見つめている人たちです。その子どもたちは、とても安定して、健やかに育っています。

夜間保育の影響は……

二〇〇〇年に、夜間保育を行う認可保育園の経営者団体である夜間保育園連盟が「夜間保育の子どもへの影響及び今後の課題に関する報告書」を発表しました。この調査では、「通常保育」「延長・夜間保育」「深夜保育」という群に分けて、子どもたちの発達について細かく調査をしています。

それによると、「通常保育」「延長・夜間保育」の間には大きな差はなく、「深夜保育」(午後一〇時三〇分以降)の子どもたちの群に若干の発達の遅れが見られました。しかし、反対に発達に遅れが見られる子どもの群の生活を調べてみると、保育形態よりも、子どもの健康状態や、親の育児態度（子どもとのかかわり、自信）のほうが発達の遅れとの関連が大きいことがわかったのです。

簡単にいえば、夜遅くまで預けていても、子どもが健康で、親が子どもとかかわり、自信をもって子育てをしていれば心配はないということです。

つまり、保育形態は発達の遅れの原因にならないが、夜遅くまで働く生活のためにゆとりがなくなり、子どもと遊んでやれない、自信をもって子育てができない生活になってしまった場合は、それが子どもの発達の遅れの原因になる恐れがあるともいえます。

この結果からいえるのは、夜遅くまで預けるのであれば、なおさら家庭でのゆとりが必要だということです。でも、これは難しい命題です。長時間保育を頼むということは、必然的に親も忙しいということですから。

あまり思い詰めないのもコツの一つ

帰宅後の子どもとの時間にゆとりをもたせるために、朝五時に起きて夕飯のおかずなどをぼつくり終えてから出勤するという人もいます。私はそういう手際のいいことができないので感心してしまいます。

でも、「こうしなくてはいけない」という思い込みをもつのも、苦しいものです。努力は必要ですが、無理をしようとすると余計にストレスがたまって、子どもの前でイライラしてしまうかもしれません。早起きできる人は、朝台所でひと仕事して、帰宅してからさっと食事を出せる幸せを味わえばいいし、できない人は、帰ってから速攻で食事をつくる手抜き術のほうを研究すればいいのではないでしょうか。

長時間保育には、ここまでに書いたようなデメリットもありますが、それを知っていれば乗り越えることはできます。この節を真剣に読んでしまったあなたなら、きっとうまくやっていけると思います。それだけ、子どもの気持ちを気にかけているということですから。

職場の人とうまくいかないとき

職場の無理解の背景にあるもの

職場の雰囲気はさまざまで、上司・同僚が子育て中の社員をいつもフォローするように動いてくれる職場もあれば、正反対の職場もあります。育児休業をとる人や、子どもが小さいうちから再就職する人がふえて、子育てしながらの働き方にはいろいろ制約があるということは、だんだんに理解されてきました。でも、その制約をネガティブに受け止める職場はまだまだあります。

そもそも会社の中では、子どもを保育園に預けて働いている生活がどんなものか、よく知らない独身者や専業主婦の夫は多いのではないかと思います。毎日残業をしないで帰る母親社員を「気楽だな」と思っている人もいます。保育園にお迎えに行ったあと、子どもを寝かせるまでにもうひと仕事しなくてはならないたいへんさも知らないし、子どもも大人と同じようにいろいろなことを感じる存在だということを忘れていたりします。

保育園に決まった時間までにお迎えに行かなくてはならないと言うと、上司に「女性が働くのが当たり前の今の時代なら、電話一本で子どもを頼めるところなどいくらでもあるだろう！」と怒られた人がいました。彼女は「子どもは荷物じゃありません！」と言い返したそうです。その上司にも子どもがいるはずなのに、子どもの生活や心に想像力が働かないのですね。彼の奥さんの苦労がしのばれます。

働く親のネットワークをやっていると、こういう悲しい話には事欠きません。子育てのことが理解されない背景には、私生活よりも仕事を最優先するのが当たり前という職場風土があり、また、子育ては女が家庭に入って専念すべきもので、子どもを産んでも働き続けようとするのはわがままだという役割分担意識が根深くあります。

よく観察すると、男女の固定的役割分担意識が家庭生活の軽視や子育てへの無知・無関心を増幅しているという関係なのではないかと思います。専業主婦家庭では子育て困難・孤立が問題になっていますが、父親の家庭不在との関係は深いはずです。固定的役割分担意識の弊害は、共働きをする母親だけの問題ではないのです。

こういった実情は、専門家の間ではよく分析されています。特に、少子化問題にかかわっている人たちはここに元凶を見つけていて、政府の数々の諮問機関は労働時間の短縮や男性の育児参加の促進が必要であることをしきりに訴えていますが、会社や社会の意識を変えるまでには至っていません。

頭は下げても心には自信をもとう

こんな議論は、現実の職場の問題とは遠いところにあります。

それでも、最初にこんなことを書いたのは、こういう視点をもつことで自分の立場について考えを整理できるのではないかと思ったからです。実際には、理解されるされないにかかわらず、周囲に協力を求めながら働いていかざるをえないわけで、子どもの病気などでマイナスポイントが嵩むときは「頭を下げてばかり！」のつらい状態になっていきます。でも、そうして働くことが決しておかしなことではない、普通のことだ、これからの時代はみんなが体験していくことなんだ、と考えることができれば、精神的にずいぶん楽になるのではないでしょうか。

さらに、少子化で政府があわてているのを見てもわかるように、子どもは次世代の担い手ですから、子育ては一面では社会に貢献する仕事でもあるのです。職場では謙虚にふるまいながら、内心では仕事と子育てを両立していることに自信と誇りをもっていてほしいと思います。

上司との関係を良好に保つには

第二章で紹介したYさんは、復職のあいさつに行って、上司から「残業できない社員はいらない」と言い渡されました。そんなことを言われたらそれだけで復職する元気がなくなってしまいそうですが、彼女の場合はそれが違法な対応で、会社の判断ではなく上司の個人的な意見だということを知っていました。復職後、以前の上司や人事部に相談しながら仕事を頑張っていたところ、上司のほうが異動してしまいました。

上司の言うことは、必ずしも会社の方針とイコールではありません。しばらくふんばっていたら上司が替わって、事態が好転したという話はよくあります。

子育て関連の労働関係法規を知らない管理職もいるようです。育児時間（短縮勤務）をとりたいと申し出たら、上司が法律を知らなくて断られそうになったという話もあります。法律にからめて交渉したい場合は、上司よりも人事担当者に相談するほうがうまくいく場合もありま す。そのときも、ケンカ腰ではなく、人事担当者に情報を提供して検討してもらうという冷静な姿勢をもつことが効果的と思われます。

でも、そこまで問題にする前に、上司とコミュニケーションをとれたほうがいいのは確かです。

帰ろうとすると上司から「今日は忙しくてみんな残業しているんだけどな」と言われる、黙って渡される仕事が残業をしないとこなせない量だったなど、それとなく残業プレッシャーをかけられる話も聞きます。できないものはできないと言うしかありませんが、上司にはできない事情が具体的に飲み込めていないかもしれませんので、相談という形でマンツーマンで話を聞いてもらい、保育園のお迎えのことや、子育ての方針など、ていねいに説明してみてはどうでしょう。

課の仕事をどうやりくりするかは管理職が考えることですが、もしも課全体の仕事量がふえすぎているようであれば、残業できない人を責めるよりも働き手をふやすことを検討するのが本筋というもの。臨時の補助要員を雇用することが、自分が残業するよりもコスト面での効率がいいことを挙げて上司を説得したという賢い母親社員もいました。

パートタイマーは、採用されるときに残業の有無などを話し合っているはずです。最初に残業はしない約束をしていたのであれば、そのことをふまえて困ることを伝えましょう。旧労働省からは、パートタイマーが家庭との両立のために短時間就労という形態を選んでいることを配慮して、所定外勤務をなるべくさせないように努めることという指針も出されています（一九九九年、事業者が講ずべき短時間労働者の雇用改善のための措置に関する指針）。

同僚にネガティブな反応がある場合は、上司との関係よりもモヤモヤどろどろとしていて、精神的なダメージが大きいですね。

育児休業をとること、復職後に残業ができないこと、子どもの病気で突然休むこと。どれをとっても、同僚にしわ寄せがいくのは避けられません。そのことを、「迷惑」と感じて、露骨に伝えてくる人もいます。

同僚とは日常的に共同作業をしている関係ですから、子どもの病気で休むようなときも、その場の肩代わりは同僚に頼まざるをえません。できるだけいい関係でいたいものです。

相手が仕事をカバーすることを苦痛に感じているのであれば、とりあえず「迷惑」をかけていることを詫びたり、感謝の気持ちを表したりして、気持ちをおさめてもらい、さらにどうしたらいいか、冷静に仕事のやり方として相談できたら理想的です。仕事の配分については上司に相談するのもいいでしょう。

そんな具体的な不満ではなくて、単なる感情的な反発ややっかみも多いのではないでしょうか。低次元な非難なら、聞こえなかったふりをして、とにかく自分なりに努力して仕事の責任を果たそうとする姿勢を見せていけば、ほかの人たちも味方になってくれるのではないかと思います。

確かに、周囲に負担をかけてしまうのは事実ですが、その働き方自体に罪があるわけではありません。育児休業中は会社からお金をもらっているわけではありませんし、残業しなければ残業手当ももらいません。さまざまな育児支援制度は会社が社会的責任として行っているものですから、子育て社員を同僚が責めるのはおかしな話です。

職場では口に出しては言えませんが、心の中でこう考えて折り合いをつけましょう。

「図太さ」と「マナー」と「コミュニケーション」がポイント

子育て中でなくても、職場の人間関係というのは何かと悩むことが多いものです。家族でもないのに、毎日顔を合わせて共同作業をやっているわけですから、しかたがありません。

多くの働く親たちは、「図太くなる」ことが必要だと言っています。これは「ずうずうしくなる」こととは違います。周囲への心遣いや礼儀はきちんとしつつも、まわりと同じように働かないことについては、罪悪感をもたず、自分のスタイルの中でできる範囲で努力すればいいと割り切ることです。まわりから言われることは、悪いことはすぐに忘れるようにして、いつも笑顔ベースで仕事をする、という「めでたさ」を身につけたいものです。

職場に快く受け入れてもらうために、責任感のアピールや理解してもらうための努力はしておきましょう。

職場の慣習にもよりますが、休職に入る前のあいさつ、復職前のあいさつ（子どもを見せに行く人もいます）、復職時のあいさつ（復職日、会社に着いたら同僚に改めてあいさつ、関係部署の管理職の机まで行ってあいさつ）をしたという人は多いはずです。

復職後も、雑談の中で上司や同僚に子育てをする生活についていろいろと話して、子どもの存在感を伝えておきましょう。

どうしても両立が難しいとき

こんな話がすべて「絵そらごと」のように聞こえてしまう人がいたら、その人の職場環境はかなりきびしいのでしょう。

職場の規模や業務内容から、どうしても子育てとの両立が難しい仕事もあります。時代は変化して、全体的には「仕事と子育ての両立」はやりやすくなっていくはずですが、すぐにというわけにはいきません。本当にそこで両立ができるのかどうか、個々の職場や家庭の状況によって判断すべきでしょう。何がなんでも今の仕事を続けなくてはならないと思い込むのも、ときには親や子どもにとって苦しすぎることもあります。

ハードルが高すぎる仕事、子育て生活とかけ離れすぎている仕事は思い切って見切りをつけて、別のチャンスを探すということもまた、共働き子育ての知恵だと思います。

第六章　多忙な家庭生活の切り回し方

おっぱいが出ないパパの悩み

パパの落胆

パパが懸命にだっこしても赤ちゃんはなかなか泣きやまないのに、ママが来ると手を伸ばしてママにだっこされ、おっぱいが出てくると安心して泣きやみます。そんなとき、「ああ、やっぱりな。おっぱいには勝てないよ」とがっくりくるパパもいます。

確かに、母乳育児をしていると、おっぱいの威力には母親自身も驚いてしまいます。乳児にとっては、おっぱいは栄養を摂取するための生命線であると同時に、なんといってもさわれば安心できる物体のようなのです。そして、それをもつママも……。

だからといって、父親は「もう、やめた」と言わないでほしいと思います。おっぱいの神格化は禁物。子どもとの関係は、それだけではないはずです。

こんな話がありました。

ママよりもパパの子もいる

「私は保育園のお迎えの時間までに帰ってこられないので、仕事の融通がきく夫が子どもを迎えに行って、夕ご飯もつくって食べさせてくれるんです。娘はすっかりパパっ子です」

と言うMさんは、実は悩んでいました。二歳の娘は夜中に目がさめてぐずるときも、ママではなくパパの胸に顔をうずめて泣くのです。パパがいれば、娘はなんでも「パパ、パパ」と言いました。

精密機器会社のシステムエンジニアとして働くMさんの仕事は繁忙でした。だんだん残業がふえて帰るのが遅くなり、子どもとのスキンシップが足りないと夫に責められました。まるで世間の「家に帰らないお父さん」と同じ状態です。

「母乳をあげていたときは私にべったりだったくせに……。子どもって食べさせてくれる人がいちばんなのかも」

と嘆くMさん。これは冗談としても、それだけMさんの夫は子どものケアに手をかけ、愛情をかけ、時間をかけて生活していたのだと思います。もちろん、Mさんもこれでいいと思っているわけではなく、休日にはパパ一人でゆっくりテニスに出かけてもらい、母子の「じっくりタイム」をつくっていました。

父親が育児休業をとったりしても、こういう現象が起こることがあるようです。

「子どもが僕にべったりで、妻がナーバスになっている」

という育休パパの悩みを聞いたこともあります。「べったり」されないほうの悔しさ、「べったり」されるほうのうっとうしさ、どっちがいいか、なんて話もありました。そのときそのときで、子どもにとっての父親、母親、そのほかの大人たちの役割は違うのではないでしょうか。誰に「べったり」でも、誰かに安心して甘えているわが子の幸せを喜びたいですね。

「パパがほしい」と言われる幸せ

「母性」が子どもに愛情をもって慈しむ気持ちだとしたら、共働きの子育てでは父親が「母性」を発揮する場面は当然のことながら多くなります。こうして子どもが小さいうちから夫婦の間で子育ての実感を共有できることは、共働きの一つのメリットです。子どもにとっても、日常的に複数の大人に愛され、見守られていることは幸せなことだと思います。

「母性」を発揮できるパパは、それを幸せに感じることができます。

共働きで頑張ってきた妻が病気になり、勤め先に頼んで勤務時間を変更し、毎日二人の子どもの保育園の送り迎えをしているパパが、日々の忙しい暮らしを伝えるおたよりの中にこんなことを書いてくれました。

「熱を出した一歳の子どもに水分を取らせようと思って、『りんごジュース飲む?』と聞いたら首を振って『いやぁいやぁ』、じゃあ『麦茶飲む?』と聞いたらこれも『いやぁいやぁ』、『牛乳飲む?』と聞いても『いやぁいやぁ』。『じゃあ何がいいの?』と聞くと、指をさしてひとこと『パパ』。本当の幸せというのは案外こういうものなんじゃないかと思っています」

そんな幸せを世の中のたくさんの父親たちが、むざむざ味わえないまま過ごしてしまっているのは、もったいないとしか言いようがありません。

家事分担をうまくやるには

作業の分担は必須

子どもが小さいうちの共働きの家庭生活は、タイトです。勤務先から保育園に駆けつけ、帰宅後に夕飯を用意し、食べさせ、お風呂に入れて、寝かせる、といった一連の作業は子どもの就寝時間を考えててきぱきと進めなくてはなりません。

こういった帰宅後のもろもろ、保育園の送り迎え、子どもが熱を出したときの看護、そのほかすべてのことを母親一人で負っている家庭もありますが、これは相当に疲れます。親が二人いるなら、なるべく分担することをお勧めします。

家族が家庭で過ごす時間が短いほど、作業は凝縮されます。うまく分担して「ゆとり」をつくり出さないと、親のイライラに子どもまで巻き込まれてしまったりします。子どものための分担と考えましょう。

分担できないパパ、四つの場合

何度も書きましたが、共働きというライフスタイルを選んだ段階で、家事・育児は両方の責任になります。

でも、実際には、なかなか家事・育児分担になじめない男性が多いのも事実。その困難さは人によっていろいろです。第二章で専業主婦家庭から移行する場合について書きましたが、ママが働き続けてきた家庭でも同じことがいえます。家事・育児の分担が困難になっているのは、パパが、

①分担しなくてはならないことを頭で理解できない
②頭で理解しても気持ちがついていかない
③気持ちはあるけれどスキルがない
④やればできるけれど時間がない

の四つの状態にあるときです。

①の状態のパパは、「妻も自分と同じように仕事のやりがいも感じるし、家事を面倒くさいとも思う人間である」ことを前提にして、論理的に思考を組み立てる必要がありそうです。な

ぜ、妻は自分とは違うと思っているのか、違うとしても、その違いのためになぜ家庭の仕事を一手に担う責任を負わされなくてはならないのか、ぜひ考えてみてほしいと思います。その点がどうもうまく考えられないのであれば、共働きですべて妻に負担がいった場合に、その「ゆとりのなさ」が子どもにとってもつらいものになりがちであることに目を向けてください。

②の状態のパパは、今一つ必然性が感じられていないのだと思います。優秀なママが上手に家事・育児をこなしているからかもしれません。あるいは、ママの「家事へのこだわり」のために、パパが主導権を握れない仕事（家事）への意欲をなくしていることもあります。ママ自身、パパに分担してもらいたければ、自分のたいへんさを伝え、分担してもらう以上は、家事の流儀が違ってもよしとするおおらかさがほしいところです。

「パパが干した洗濯物はしわだらけ。『ありがとう』と笑顔でねぎらって、実はあとでこっそりしわを伸ばしています」と言うママもいました。最初はとにかくやる気を引き出すことが大切ということでしょうか。

ベランダで洗濯物を干したり夕飯の買い物をすることを「恥ずかしい」と感じる男性もまだいるかもしれません。でも、もうそういう時代ではないはず。「周囲がなんと言おうとウチはウチ」というマイペース精神を身につけていきましょう。

③の状態のパパは、もう大丈夫。あとは実践しながらスキルと慣れを身につけるだけです。うんちのオムツ替えなど「やったことがない」とひるんでしまうこともあるかもしれませんが、

やってしまえばなんということもありません。「ママが病気で倒れた」という状況になって、一気にスキルアップするパパも多いようですから、この際、ママが一日ストライキや泊まりの出張などに踏み切ってしまうのも一案です。

④の状態のパパは、かなりしんどいですね。「パパにも分担してもらいたいが、これ以上働かせたら病気になってしまう」とハードワーカーのパパを気づかうママもいました。実際、本人の意思で仕事量を調節できない場合は、パパが仕事を変えない限り、この問題は解決しないことになります。ただ、パパのその働き方は本当にどうにもならないのかは、夫婦で話し合ってみる必要があるでしょう。意外と①の状態に近い④の場合もあるのではないかと思います。

また、子どもが小学生になったときに、「彼のキャリアアップにはこれまで十分協力したから、これからは私の番」と言ったママもいました。長期的に分担のバランスをとるという考え方でお互い納得できるのであれば、それもいいと思います。

やるべき作業を書き出してみよう

「どうして私が全部やっているの！」

「オレだって、やってるじゃないか！」

「さっきからずっと新聞読んでるじゃない」

「昨日の夜、洗い物したぞ！」

なんていう低次元なケンカがどうしても起こってしまうのが、この分担問題です。

こんなふうに主張する妻ならまだ改善していく可能性がありますが、争いを避けていると、いつまでも役割が偏ったままになりがちです。夫の側からは、家事にどんな作業があるのか見えていないため、どう分担すればいいのかわからないということもあるようです。

そこで、やらなくてはならない作業をリストアップしてみるのもいいでしょう。

それをきれいに二分割しようというのではなく、どういう仕事があるのか二人で確認するのです。そして、「ここが時間がなくてピンチ」「ここを分担すればスムーズにいく」というポイントを出し合ってみます。

作業はだいたい次のようなジャンルになるでしょうか。

- 保育園の送りと迎え
- 朝ご飯のしたく、子どもに食べさせること
- 夕ご飯のしたく、子どもに食べさせること
- 食器洗い
- 子どもをお風呂に入れる、子どもの風呂上がりの世話
- 寝かしつけ（お話、絵本読みなど）
- 翌日の保育園の準備、連絡ノート書き
- 洗濯、乾燥または干し、とり込みとたたみ

・新聞の片づけ、おもちゃの片づけ
・保育園・学校からのプリントのファイル、郵便物の整理
・食材の調達（買い物、宅配サービスの注文と支払い）
・掃除

以上は、日常ノルマ的な作業です。掃除や洗濯、買い物は毎日しない家庭も多いと思いますが、避けては通れない家事です。

保育園の送りと迎えを分担する家庭がふえてきて、「送りはお父さん」という風景はよく見かけます。これには、伏線があって、「お迎えはお母さん」でお父さんは残業というパターンが多いということです。逆ももちろんあります。

お互いに仕事の時間を少しでも長く確保したい場合は、お迎えを担当するほうの親が帰宅後の作業を一人でやり、もう一方は遅くまで残業するという分担が有効です。

もう少し「ゆとり」をもちたければ、お迎えを担当しないほうの親も午後八時くらいまでに帰宅するようにすることで、子どものお風呂上がりの世話から戦力になることができます。

和気あいあいの家庭の時間を大切にするなら、午後七時くらいまでに家族がそろうようにすることです。夕飯を家族で食べられると、家族の時間は明らかに質が変わってきます。

二人とも仕事が忙しい時期は交替で残業をし、仕事がすいている時期はできるだけ二人とも早く帰って夕飯をいっしょに食べる、というように仕事の繁閑によってタイムスケジュールを

変えながらバランスをとっていってもいいのではないでしょうか。

「子どもと向き合う作業」、「子どもに背を向ける作業」

右に書き出した作業の中には、「子どもと向き合う作業」と「子どもに背を向ける作業」があります。第五章でも書きましたが、子どもが起きている時間は子どもに背を向ける作業を短縮したり後回しにしたほうが、子どもを欲求不満にしないですみますし、子どもの就寝時間までに、いろいろなケアやスキンシップを充実できます。

先に帰ったママが、午後九時就寝めざして子どものケアに集中し、子どもを寝かしつけながらいっしょに寝入ってしまうので、あとから帰ったパパが食事の後片づけや洗濯などの後始末を一手に引き受けるという家庭もあります。そのぶん、翌朝はママが早起きして、洗濯物を干したり、保育園の準備をしたりできるということです。これは完全すれ違い型で、パパとしては少しさびしいかもしれません。

また、延長保育を遅くまで利用している場合は、保育園で夕飯を食べさせてくれる場合もあります。そうなると、親子でいっしょに食事をすることができませんが、夕飯でばたばたしないぶん、子どもとゆったり過ごせるという人もいました。延長保育が利用できると、定時には職場を出にくいパパもお迎え当番ができますね。夕飯もつくらなくていいとなると、パパにとってはだいぶハードルが低くなるのではないでしょうか。

ちなみに、パパかママ、どちらかの職場近くの保育園に預けてしまうと、お迎え当番が片方に固定されてしまって不便ということもあります。

パパの戦力アップ術

家事も仕事と同じで、「言われたことだけをやる」というのでは進歩しません。流れを理解して責任感をもってやれるかどうかで、大きな違いが出ます。

「ある日、夫が会社からの帰りにコンビニで牛乳を買ってきたことがありました。私は頼んでないのに、朝、ちょうど牛乳が切れたことを覚えていて買ってきてくれたのです。それまで、冷蔵庫の中身の補充は暗黙のうちに私の担当で、夫は何も考えずに中身を使い、切れているものがあったら文句を言うだけでした。これは大きな進歩で、その日の驚きは何年もたった今でも忘れません。今では、冷蔵庫の中身は夫のほうがよくわかっています」

とは、共働き子育て歴十数年のママの弁。そう、パパが自分で考えて家事ができるかどうかで、ママの負担は全然違ってきます。そのためには、ママが自分流の家事にこだわりすぎず、多少の不出来も覚悟してまかせたほうが、家事の苦手なパパも進歩すると思います。

毎日の家事を乗り切るミニアイディア

買い物を毎日しなくてすむための工夫

保育園のお迎えには急いで行かなくてはならないし、お迎えしてから買い物するのもたいへんです。買い物をする時間がとれない場合は、休みの日に買いだめをしたり、生協などの宅配サービスを利用して、夕方の買い物をしないですむようにするしかありません。コンビニに売っているようなものは、あとから帰ってくる人に買ってきてもらう方法もありますが……。

ママたちからの情報を座談会ふうにしてみました。

「生協を使っている共働きママは多いんじゃない？　以前は班をつくって注文のとりまとめ・配達品の分配をしなくちゃならなかったけど、今はどこでも個別配達をやってくれるから便利になった。トイレットペーパーとかティッシュペーパーとか大物は宅配で届けてもらうと楽だよね」

「でも生協の個別配達は注文額が少ないと配送料をとられる。一〇〇円とか二〇〇円だけど」

「マンションがオートロックだから、個別配達は留守中が困るのよね」

「うちは届いているけど、管理人さんのお陰かな？」

「自然食品・有機野菜系の宅配サービスも使える。ちょっと割高だけど、子どもに食べさせるものだから質で選びたいな。野菜をセットで頼むと、内容はおまかせで旬の野菜が届くんだけど、楽しみがある反面、使いこなせないこともあるわね」

「夕食材料配達って、どう？」

「レシピと人数分ぴったりの材料が届くから、パパに夕飯当番を頼みやすくなった」

「ただ、レシピブックを見て注文するんだけど、献立が辛口のものとか揚げ物中心で、子ども向きじゃないときもある」

「そんなときは、材料だけ使ってレシピどおりには料理しないわ。半加工品はどうしようもないけどね」

「生協そのほか、どれにしても、スーパーで買い物するよりも割高だよね。あと注文や支払いの方法が面倒だと、結構負担になることもある」

「最近はネット上やファックスで注文を受けて、宅配してくれるスーパーもあるし、どんどん便利になっていくんじゃない？」

もうかなりの家庭で普及してきましたが、共働き家庭には重宝と定評になっているのが、食器洗い機と衣類乾燥機です。コードレス掃除機も話題になりました。さて、ママたちの感想はどうでしょう？

「食器洗い機って、食器の数が少ないときは手で洗ったほうが速いよね。ぎとぎと油とかこびりつきとかは結局下洗いしなくちゃならないから、食器洗い機の中にセットすることを考えると、あまり時間の節約にならないような」

「うん。うちも使わなくて食器置き場になってしまった」

「それは下洗いに手をかけすぎなんでは？　食器の数が多いときはやっぱり便利だし、グラスなんかぴかぴかになるのがいい」

「少しの時間でも節約したいときに便利よね。でもスペースが問題。ビルト・インだったら邪魔にならないけど」

「後片づけ当番の夫がほしがったって話、多くない？」

「うん。うちもお陰で夫婦ゲンカが減ったよ」

「衣類乾燥機は電気代の無駄。お日さまに干すほうがいいわ」

「なかなか乾かないし、しわになるし、うちは買ったけどあまり使ってない。雨のときとか外に干したものが乾ききらなかったときに使うくらいかな」

「でも、いちいち干さなくても洗濯機からまるごと放り込んで乾かせちゃうのはやっぱり便利だよ。うちではしわが問題になったことはないな」

「ガス乾燥機がお薦め。配管がたいへんだけど、パワフルで速いし仕上がりもいいよ」

「そうそう。大型のものだとベッドパッドとか肌がけ布団まで乾かせる！」

「浴室乾燥は？」

「あるけど衣類乾燥用にはあまり使ってない。ハンガーに干す手間が省略できないし」

「コードレス掃除機って便利そうだよね。子どもの食べこぼしとか、ほこりが目についたときにすぐに使えるのがいいな」

「うーん。でもパワーが弱くてねえ。結局、大型掃除機と併用になっちゃうんだよね」

「狭い家だから、掃除機二台もいらないなあ。コンセント一か所で家中かけられる」

「フローリングだったら、ほうきがいちばん便利ですよ」

などなど、聞いてみるといろいろな意見が出ます。何よりも時間がいちばん不足している共働き家庭にとって、設備投資して機械化することで少しでもゆとりを手に入れることができるのなら、その数万円はとても価値のあるものだと思います。

人に頼むという方法

最近は、家事援助サービスがふえてきました。

モップのレンタル会社などのサービスもあれば、生協の互助組織、地域のＮＰＯ、シルバー人材センターなど、いろいろなところがサービスを提供しています。週一回でも、誰かが掃除・洗濯をしてくれたら、ずいぶんと「ゆとり」ができそうですね。

知人に紹介された主婦に掃除・洗濯を頼んでいるママはこんなふうに言っています。

「育児休業中から、復職後私が一人で家事をしていると時間が足りないぞ、と思っていました。子どもとの時間を確保するために、大手会社の家事サービスを頼もうかなと思っていたところ、何回か子どもの世話を頼んだ主婦の方が、家事を請け負ってもいいと言ってくださいました。だいたい週に一回くらい、先方の都合のいいときに鍵をあけて入ってもらって、留守中に掃除をしてもらいます。範囲は限定しておらず、臨機応変に、『ここが汚い！』というところを掃除してくれます。洗濯物がたまっていたら、洗濯もしてくれます（下着も）。時給一五〇〇円で、だいたい月一〜二万円を月末にまとめて払います。きれいになった部屋に帰ってくると、とても気分がよくて、子どもと踊りたくなってしまいます」

定期的に留守中に頼んでいる場合は、鍵を預けっぱなしにしている家庭が多いようです。そのためにはやはり信頼関係が必要で、在宅しているときに何度か頼んで、親しくなってから鍵を預けたという人もいます。またある人は、自分が帰宅するまでいてもらって、毎回顔を合わせるようにしていました。一応、見えるところにお金を置かないという程度のことは気をつけて、あとは全面的に信頼してまかせるというやり方になるようです。

頼む先としては、育休中に親しくなった専業主婦の人、家政婦、シルバー人材センターや家事代行サービスの人などなど。

このほか、年に何回か、ハウスクリーニングの会社に大掃除を頼んだり、高齢者向けの治療食配達サービスを夕飯として利用しているという話もありました。

なお、二重保育のためにベビーシッターを頼む場合、ベビーシッターは保育に専念することが原則になっていますので、多くのシッターサービスでは子どものための食事を温めたりはしてくれますが、家事はできないことになっています。ただし、もともと家事代行サービスをやっているベビーシッター会社もあり、子どもを見ながら可能な範囲内で家事をしてくれたり、家事だけを請け負ってくれるところもあります。

いい加減さを身につけることも必要

こういった外注にはお金もかかりますし、抵抗がある人もいるでしょう。

第五章にも書きましたが、共働き・子育て生活では、家事に妥協が必要です。多少家の中が散らかっていたりほこりが積もっているところがあっても「そのうちきれいにしよう」と思えるいい加減さもときには必要です。

自分のライフスタイルの中で何を大切にしたいか、何を優先しなくてはならないかを考えて、優先順位の低いものは後回しにしたり、「やらない」ことにしてもいいのです。すべてを完璧にこなそうとしたら、体力的にも精神的にもつらくなります。

第七章　保育園生活を楽しむ

慣れない時期を乗り越える

最初は泣いてしまうもの

第二章でも書きましたが、はじめて保育園に子どもを預けるときは、別れ際に激しく泣かれてしまうこともあるでしょう。特に、人見知りがある一歳前後は難しい時期といわれています。つらいですが、預け始めの泣きは一時的なものとして乗り越える覚悟が必要です。子どもの泣きたい気持ちはわかってあげて、でも深刻になりすぎず、保育園を信頼して子どもを託しましょう。

激しく泣いていた子どもも、親がいなくなると、案外、周囲のお友だちやおもちゃに気持ちが移って、遊び始める場合も多いものです。保育士さんも「お母さんが、笑顔でバイバイしてさっと立ち去ってくれたほうが、子どもも気持ちの転換ができる」と言っています。

預ける親が不安だと、子どもにも気持ちがうつってしまいます。親子とも納得することが大切なんですね。

「ママとパパは必ず迎えに来るんだよ」「先生たちはやさしいよ」「お友だちもいて、おもちゃもたくさんで、楽しいよ」と、言葉がわからない赤ちゃんにも、話して聞かせてはどうでしょう。

保育園の保育士さんたちは、子どもに泣かれて落ち込む親を「大丈夫。泣くのはこれまでの親子関係がよかった証拠よ」と励ましてくれます。親や周囲の大人に愛情をかけられてきた子どもは、大人への信頼をもっているので、親への愛着は強くても、いったん心が通じ合えば保育士さんともうまくいくというのです。

というと、泣かない子どもはどうなんだと言われてしまいますが、人見知り前の赤ちゃんはあまり泣きませんし、発達段階や表現方法は子どもによって個性がありますから、いろいろな反応があるでしょう。最初はまったく泣かなかったのに、一週間くらいたってようやく状況がわかり、泣き始める子どももいます。

どちらにしても、「ママと離れるときは泣きたい」という子どもの気持ちはわかってあげて、でも、早く気分転換ができるように、上手に別れてあげましょう。

入園前に子どもを保育園に連れて行く機会をもてる人は、そのときに親子で保育園の雰囲気を味わっておきましょう。たとえゼロ歳の赤ちゃんでも、「ここが保育園だよー」「○○ちゃんもここで遊べるかな」「お友だちがいっぱいいるね」と話しかけながら保育園のようすを見学したり、子どもの前で園長先生や保育士さんとなごやかに話をしたりしてはどうでしょう。子どもに「安心できる場所なんだな」と感じとってもらえるように。

「慣らし保育」で無理なくスタート

たいていの保育園には、入園後に最初、短時間だけ預かってようすを見る「慣らし保育」があります。

初日は一時間だけ、次は午前中まで、給食を食べるまで、お昼寝まで、というようにだんだんに保育園にいる時間を延ばしていきます。慣らし保育は三日で終わる場合もあれば、二週間かかる場合もあり、園の方針や子どもの慣れ具合によっても違います。

慣らし保育は、親子ともに新しい生活に慣れるために必要なプロセスだと思います。でも、復職後・再就職後からでないと入園できない決まりになっている場合や、すでに預けて仕事を始めていて預け先を変えたときの慣らし保育は、仕事を休まなくてはならなくなりたいへんです。

慣らし保育のために、遠くからおばあちゃんを呼んだ人、夫婦で交替で仕事を休んだ人、今まで預けていた認可外保育園に頼んでお迎えをしてもらった人、保育園に頼んで慣らし保育を一日にしてもらった人など、それぞれに苦労した話を聞きます。

はじめて預ける場合は、できるだけ仕事が始まる前に入園して慣らし保育をしたほうが無理がなくていいと思います。保育園と交渉してみましょう。職場で「復職証明」を実際より早い日付で書いてもらった人もいますが、何かのときに保育園から職場に連絡が入って、本人がいないというのも困ります。

すでにほかのところに預けていた子どもが転園する場合などは、比較的慣れるのは早いといわれています。仕事を休みにくい人は、期間を短縮してもらえないか、保育園と相談してみましょう。

市町村によっては、認可保育園の入園日を「仕事に就く月の一日」としているところもあり、このような場合は月の半ばに仕事開始日を設定すれば、慣らし保育期間がゆっくりとれます。

気をつけなくてはいけない「泣き」もある

大泣きしていた子どもも、数日通えば慣れる場合が多いものです。

でも、中には粘り強い子どももいて、一年間毎朝泣かれたというママもいました。

長引くときは、保育園と連絡を密にして、子どもが安心感をもてるためにはどうしたらいいのか、保育士さんと相談したほうがいいでしょう。

気をつけなくてはいけないのは、預け先の保育に問題があって泣いている、という場合です。いろいろ相談しても施設長や保育者に誠意が見られない、子どもが保育者におびえている、家に帰ってからも今までになく不安定な精神状態になっている、というようなときは、ちゃんとした保育をやってくれているのかどうか、もう一度よく観察してみることも必要です。

母乳をどうするか

復職・再就職で働き始めるときは、親の生活も大きく変化します。

張り切って最初から無理をするつもりでいると、子どもの発熱（預け始めは多い）は頻発するわ、自分も体調を崩すわで、がっくりということにもなりかねません。

職場には「最初慣れないうちは子どもも熱を出しやすいらしいので、ご迷惑をおかけするかもしれませんが、よろしくお願いします」くらいに言っておいたほうがよさそうです。

また、結構悩ましいのが、母乳で育ててきて卒乳（断乳）がすんでいない場合。

母乳を職場でしぼり冷凍母乳にして保育園に預ける（専用パックを売っています）、というやり方に保育園が協力してくれる場合は、チャレンジしてもいいと思います。ただし、職場で母乳をしぼるのが困難な場合もあります。時間や場所がうまく確保できるとよいのですが、トイレでしぼったり、休憩室はあっても同僚が昼食をとる横でしぼったりした話を聞くと、たいへんだなあと思います。また、手や搾乳器でしぼってもあまり出ない人もいますので、そういう場合は無理をして母乳を続けなくてもいいと思います。

母乳をあげることで子どもとの絆《きずな》を保ちたいと思う人もいるようですが、母乳＝《イコール》愛情ではありません。母乳をやめたら、子どもとの関係が次のステップに進むと考えてはどうでしょう。おっぱいを介さないと、子どもに愛情表現できないわけではないはずです。

ところで、母乳の出がいい場合、日中の授乳を急にやめると乳腺炎になることもあります。おっぱいが張って困るときは、完全に張ってしまう前に少しだけしぼって張りを和らげ、だんだんに張らないようにしていくという方法が有効なようです（たくさんしぼると余計に張るので要注意）。うまくリズムをつくると、朝と夜だけ授乳するようにもできます。

職場と家庭で頭を切り替えよう

忙しい職場に復帰する人は、車の運転にたとえると、一般道から高速道路に入ったような感覚を味わうかもしれません。

子育ては何もかもゆったりペース。以前、「待ちの子育て」という言葉がありましたね。子育ては、ぐっとこらえて子どものペースに合わせることが求められます。子どもは「言葉がわからない」「何もできない」状態から、一つずつ体験しながら成長していきます。その生活は、大人からすれば意味のないたくさんの「無駄」なことの繰り返しなのです。

一方職場は、言葉ですべてのことが回り、作業は高度に合理化効率化されていて、無駄は許されません。白黒をはっきりし、どんどん決断していかなくてはなりません。

復職直後は、このペースの違いに戸惑う人もいます。職場の回転の速さについていけなかったり、逆に、職場のピリピリした感覚をもったまま保育園にお迎えに行って、子どものペースにイライラしてしまうかもしれません。

でも大丈夫。すぐに慣れます。

「会社を出るとき、タイムカードを押したら仕事のことはすぐに忘れる」

「電車の中の時間が貴重。ここで頭を切り替える」

「帰路、子どもの顔を思い浮かべると、思わず口元がゆるんで、保育園へ向かう足が速くなる」

などなどの声が聞こえます。実際、そんなふうに切り替えないと、やっていけないので自然にそうなるのでしょう。

そして、やがて職場と家庭という二つの世界をもっていることが「快感」になってくるはず。夕方は仕事で高まったストレスを子どもの顔を見た瞬間にきれいに忘れ、朝は保育園の門を出た瞬間に子育ての束縛感から解放され仕事の世界に飛び込んでいける、二つの世界をしっかり踏みしめて、両方の幸せを味わうことができるのが、共働き子育てだと思います。

保育園のここがいい！

子どもは仲間がいっぱいでうれしい

「保育園に入園してまもないころは、子どもが園でどう過ごしているか不安でした。あるとき昼間に園に行ってそっとのぞいてみると、うちの子がテラスに座ってご機嫌でにこにこ笑っていました。それがずーっとにこにこしているのです。家ではあんなに長い間にこにこしているのを見たことがなかったので不思議でしたが、とても安心しました」

一歳前後の子どもを保育園に入園させたママの言葉です。

にこにこする子どもの視線の先には何があったのでしょう。園庭で遊ぶ年長児たちの姿でしょうか、離れたところからほほえんでいる保育士の姿でしょうか。

保育園には、元気な大勢のお友だちと、やさしく声をかけてくれる大人たちがいます。そのせいか、保育園に慣れると、家にいるときのように大人が四六時中かまっていなくてもご機嫌でいたりするようです。家庭で、母子二人だけで過ごしていたときとは比べものにならないほど、刺激に富んでいるのが保育園なのです。

もちろん、狭いところで年長の子どもが暴れたり騒いだりして喧騒になっている環境は、低年齢児にとっては落ち着かず苦痛ですから、刺激が強ければいいというわけではありません。でも、適度に活気がある環境は五感が刺激されて、乳児の発育にもいい影響がありそうです。

そして、保育園には、小さい赤ちゃんが大好きで、遊んでくれたりだっこしてくれる年長児もいます。きょうだいが少ない時代、「きょうだい体験」もまた、保育園の大きなメリットになっています。

昔、大家族が普通だったり、家庭が地域でオープンになっていた時代では、子どもたちのまわりにはいつもそんな環境があったのではないでしょうか。

群の中で育つ人間関係力

子どもを観察していると、一〜二歳くらいでも子ども同士のかかわり合いが成長にプラスになっていることがわかりますが、さらに言葉が話せるようになる三歳以上くらいからは、集団保育の中で社会性が発展していきます。

日中の保育園では、いろいろな「ごっこ遊び」が繰り広げられています。「ごっこ遊び」では、自分たちで場面を設定して、役割を決め、その役になり切って遊びます。大人の生活やテレビの世界がもとになっていますが、おままごとの中にヒーローキャラクターが登場したりして、自由奔放に想像が広がっていくようです。せっかく始まったストーリーが、意見の食い違いからとりやめになったり、メンバーが抜けてしまったり、子どもの世界なりにいろいろなことが起こります。そんなことすべてが、子どもにとって社会性の獲得のためのステップになっているのだろうと思います。

人は大人になるまでには、状況に合わせて自己主張を抑え、いろいろな規則や習慣にしたがって社会的に行動することを覚えますが、自分をコントロールする力は、幼児期などにケンカをしたり、お友だちとぶつかり合う体験の中から身につけられるといわれています。こういった社会性と、自信をもって自己主張できる力をバランスよく育んでいきたいわけですが、そのためには、自我が芽生える時期にこそ周囲からありのままの自分を認めてもらう体験を重ねていくことが大切だともいわれています。

だとすれば、保育園にはまさにその世界があります。遊ぶ時間が長いだけに、遊びの中で子どもの間にいろいろな関係が生まれ、変化していきます。年長児くらいになると、もめごとの仲裁など、高度なかかわり合いも見られます。大人が干渉しなくても、子どもは精いっぱい自分たちの力で問題を解決しようとするのです。

ある認可保育園の園長先生は、保育園での子どもの人間関係について、こんなふうに言っています。

「二～四歳くらいは、まだ能力も未発達なので、遊びやケンカでも力の加減がわからず、お互いに痛い思いをすることがあります。あぶないときは、もちろん先生がとめますが、そうやってお友だちとの遊び方を学習していく面もあるのです。五歳くらいになると、どの子もだいたい力の加減がわかるようになりますね。

反面、人間関係が複雑になってきます。保育園では子どもたちが自由に遊びますが、その中では、二派に分かれてケンカしたり、おもちゃや場所を独占する争いがあったりします。お互いに才能も違うし、技量も違いますから、かけひきもあります。でも、それが幼児期の人間関係、保育園の中でつくられる社会なんです。そこで子どもたちは真剣に生き、多くのものを学んでいると思います」

最近は、保育園にもおけいごとのようなものを求める親がふえてきましたが、そうやって大人が仕切る時間をふやしていって、子どもが自由にかかわり合う時間を減らすことは、かえって子どもの「人間関係力」が育つのをじゃましてしまうのではないかと私は思っています。

親以外の大人にも愛されて育つことのありがたさ

「親の愛情で子どもは育つ」というのは確かにそうなんですが、親の愛情だけでは不十分だと思うことがあります。わが子を見守り、かわいがってくれる人がほかにもいることは、親自身にとって、とても心強いものです。いろいろ相談ができるということもありますが、何よりも子育てのもろもろを共感してくれる相手がいるということは精神的に支えられ、子どもへの愛情を強化してくれるものです。

たとえば、保育園の保育士さんと連絡ノートで子どものようすを伝え合うとき、母親が、「ボールペンをもってきて『ジジ、ジジ』というので、紙を出してやると、何かフニャフニャした図形をたくさん書きました」

と書けば、保育士さんもそれに応えて、

「保育園で私が連絡ノートを書いているとき、『ジジ（文字のこと）書いているのよー』と言っているので覚えたのだと思います。よくいっしょに並んで紙に書いていています」なんて話を書き合ったりします。家庭の外にもわが子を見つめてくれている人がいる、わが子も親以外に甘えられる大人がいる、これはとても大きなサポートです。

私たち自身、さまざまな大人の影響を受けながら幼少期を育ってきたはずです。ちょっと話は飛びますが、子どもが思春期に上手に親離れをするためにも、子どもが育つプロセスにはいろいろな大人とのかかわりが必要なんだなということを、子どもが高校生になった今、感じています。つまり、子どもはいずれ自分なりの価値観をもって親を乗り越えていかなくてはなりませんが、そのときに、それまでに親以外の大人と出会い、愛されてきた体験が自信となって、子どもを支えるのではないかと思われるからです。

遊び体験からたくさんのことを学ぶ

子どもたちが自由な遊びに没頭している環境そのものが、保育園の優れたところだと思いますが、同時に、保育園としてもいろいろな方法で子どもたちの体験を豊かにする計画を立てて保育に当たっています。散歩や遠足、季節の行事、動植物を育てたり、歌、手遊び、制作……。もちろん、幼稚園にもこんなカリキュラムはありますが、保育園の場合、こういったことをするにも「とにかく楽しむ」点に重きを置いている園が多いのが特色です。園庭があっても、園外に散歩に出かける保育園も多いでしょう。質の高い保育園は、子どもを喜ばせよう、生き生きさせようというサービス精神が旺盛です。

働いている親にとっては、保育園はまず、子どもが安心して過ごせること、次に楽しめていることが重要ですね。子どもが行きたがらない保育園に毎日長時間預けることはできません。あの手この手で子どもの生活にめりはりをもたせ、盛り上げてくれる保育園に出会った親たちは、「保育園では、家庭ではできないようなことを子どもに体験させてくれている」と、とても感謝しています。

幼児期の子どもたちは、小学生以降と違って、知識や抽象的な概念を覚えるのではなく、すべて具体的な体験の中から学んでいきます。体を動かす中で、飛んだり跳ねたり走ったりする運動神経が培われることは言うまでもありませんが、遊びながら自分がやりたいと思ったことを実行してみて、その結果を体験する、ということを繰り返して、自分と外側の世界の関係を学んでいきます。そんな実体験から、物事への興味や意欲が広がっていくのではないでしょうか。

生活リズムがきちんと保てる

こういう幼児教育観は、認可保育園の保育指針や幼稚園の教育要領にも書かれています。保育園はこうした教育観に基づきながら、生活の場として、子どものケアや生活習慣を教えることも同時に行っていかなくてはなりません。保育園の守備範囲はとても広いのです。

「保育園で着替えのやり方もトイレも、すべてのことを教えてもらいました」
という親は多いもの。いつの間にか服が着られるようになっているわが子に驚くこともあります。

集団保育なので、子ども同士が刺激し合ってうまくいっていることもあります。給食では、お友だちがおいしそうに食べるのを見て、嫌いな野菜が食べられるようになったりもします。遊び、食事、お昼寝、おやつ、遊びという生活のリズムも、みんなで生活しているとだんだんと自然にできていくようです。親の間でも、

「保育園は生活のリズムがきちんとできるところがいい」

という意見は多いのです。思いっきり遊んだあと、食事と昼寝があり、また遊ぶ、という感じなので、だらだらテレビを見たり、間食をしたりということもありません。そのためか、保育園児には虫歯が少ないというデータもあるそうです。

保育園のメリットを理解しよう

いろいろと保育園のメリットを挙げてきました。もちろん、保育園の中には、ここに書いたような保育が十分にできていないところもあります。不十分と思ったら、どうしたらいいかは次の節で書きます。

大切だと思うのは、こういったメリットを親自身も理解しておくことです。単にお金を払っ

て預かってもらうという託児感覚ですと、ついつい「便利に利用するだけでいい」というかかわり方になってしまいがちです。保育園は単なる託児サービス以上の機能をもっているはずなのです。そのよいところを享受するためには、保育について親がもっと考えを深める必要があるのではないでしょうか。

保育園には、

「どろんこ遊びは服が汚れるからやめて」

「子ども同士をケンカさせないで」

という苦情が出ることもあるそうですが、そういった親の考え方が、本当に子どもの発育のためにプラスになるのかどうか、保育園といっしょに考えてみる必要がありそうですね。

保育園とのパートナーシップ

子どもが毎日過ごす場所だから

保育園は子どもが毎日長時間過ごす場所です。ホテルや遊戯施設のように一時的に利用する場でもないし、学校のようにカリキュラムで管理される場でもありません。保育園は生活そのものがある場、第二の家庭ともいえます。

子どもの生活は、家庭から保育園へ、保育園から家庭へと連続しています。そこで、保育園と家庭は、子どもの生活がスムーズにいくように連携していかなくてはなりません。乳幼児は自分の力では必要なことを伝えられませんから、大人同士が連絡をよくして、子どもが困らないようにしてあげることは最低限必要なのです。

日ごろのコミュニケーションを大切に

たとえば、乳児の連絡ノートは家庭での食事内容や排泄、体温などについても記入しなくてはならず、結構手間がかかるし、家庭での食事内容などは伝えるのが恥ずかしいときもあります。でも、子どものためには必要なことです。たいていの親は慣れてくると連絡ノートでの保育士さんとのやりとりを楽しみにしながら、育児日記代わりに書いています。毎日交換し続けた連絡ノートを「わが家の家宝」という人もいます。

連絡ノートに限らず、保育園とは気持ちよくコミュニケーションできる関係でありたいものです。親のほうは「お世話になっている」という気持ちが強かったり、「子どもに対する心証が悪くなっても困るから」と思って、保育園に疑問や不満があっても言い出せないことがあるようです。でも、何か気になることがあるときはあまりため込まず、連絡ノートやお迎えのときの立ち話ででも聞いてみることをお勧めします。

説明を聞くだけでも納得できたり、ちょっとしたことなら、すぐに改善してもらえることも少なくないはずです。

こじれたときの対処法

しかし、まれにこじれてしまうこともあります。

私は、保育園と親の間のトラブルについて相談を受けることも多いのですが、親の側の不満としてはこんな内容が目立ちます。

・保育時間や保育日について（もっと早くお迎えに来るように言われた、土曜日はなるべく休むように言われた）

・保育園の決まりごとについて（平日の昼間の行事が多すぎる、子どものもち物や服装についての決まりが納得いかない）

・保育士さんの子どもへの接し方（叱り方がきつい、えこひいきしている）

・子どものけがについて（原因がわからない、報告や謝罪がなかった）

・子どものケンカについて（乱暴な友だちがいる、いじめられているのではないか）

こういった不満がいくつも重なって、園への不信感が募ってくることも多いようです。担任の保育士さんに伝えても「規則ですから」「こちらも一生懸命やっています」「それはお母さんが悪いのでは」などと言われてしまうこともあります。

確かに、トラブルになってしまうようなときは、保育園側が一方的だったり独善的だったりすることも多いのですが、一部の職員の不心得や理解不足ということも少なくありませんから、相手を選んで冷静に交渉してみましょう。

これは保育園とのやりとりに限りませんが、何か交渉しようとするときは、相手を攻撃しようとするのではなく、まず理解しようと努めたほうが得策です。なぜそうしなくてはならないのか、なぜこうできないのか、保育園側、保育士側の事情を聞いてみます。そして、自分の側の事情も説明します。なぜそうできないのか（職場の状況がこれこれだから、など）、なぜそうしてほしいのか（家庭で子どもがこうだから、など）。

親の側は職場と保育園の板ばさみになっている、保育園は職員が忙しくて手が回らない、などお互いにのっぴきならない事情をかかえていることもあります。苦しさから責め合うのではなく、まずはお互いの事情を知らせ合うことが必要です。理想的には、両者の事情を突き合わせて、どちらも困らない解決方法が見つかればいいのですが、なかなかそうはいきませんね。ただ、歩み寄ろうと努力するプロセスの中で、感情的なしこりがなくなり、トラブルの根元が消えるということもあります。

内容によって話す相手は違ってくる

日常的な小さなことで担任の保育士さんに言いたいことがある場合は、やはり本人に伝えてみるのが本道だと思います。「直接言ってくれたらよかったのに」というようなことを頭越しで責任者に訴えることは気の毒な場合もあるでしょう。

ただし、保育園の運営にかかわること、全体に影響することや、担任保育士が信頼できないときは、主任保育士や園長先生など、責任者の立場にある人に相談したほうがいいでしょう。園長や主任保育士は、保育についてより高い見識をもっているはずですし、園の中の問題を解決する責任をもっています。

ときには、意見をしても園が防衛に入ってしまって、こちらの言うことに誠意をもって取り組まないという場合もあります。働いている限り、保育園には毎日行かなくてはならないので、親のほうは本当に立場が弱いですね。そういうときは、お役所（市町村）に訴えるしかありません。ところが、相手が私立保育園の場合、役所から「民間さんのことは指導できません」と言われてしまうこともあるようです。でも、それは正しくありません。認可保育園は私立でも児童福祉法に基づき国や自治体からの運営費を受けて事業を行っているので、市町村はその保育内容に責任があります。

なお、認可保育園では「苦情解決の窓口」を設けることも義務づけられています。苦情などというと、かえって言いにくいという意見もありますが、誰か担当者が決められているはずですので、日常的なコミュニケーションで解決できない場合は、その窓口担当者に相談するのは正しい方法です。これは法律（児童福祉法）に明記された制度で、保育園と利用者の話し合いで問題が解決しない場合、園が決めている第三者委員や、都道府県の社会福祉協議会に設置された「運営適正化委員会」にも相談することができるとされています。

保育の質を判断したいとき

保育園で行われている保育が適切なのかどうか迷う場合もあるでしょう。

保育は、子どもが安全にケアされていれば何も文句は言えないというものではありません。子どもの人格形成期にその生活を預かっているわけですから、心身の発育に悪い影響のある保育では困ります。

保育の質について一つの指標となるのは、「保育所保育指針」です。また、保育園の第三者評価という質の評価も始まったところです（全国保育士養成協議会）。また、内容によっては「保育園を考える親の会」（http://www.eqg.org/oyanokai/）でも相談を受けつけています。

保育園と親は、もっと近づいたほうがいい

保育園ともめるケースについてばかり書いてしまいましたが、こういう事態にはならないようにしたいものです。

いろいろなケースがありますが、親のほうにも問題を感じるときがないわけではありません。それは、前にも書いたように、親が保育園を託児サービスと同じようにしか考えていないようなときです。保育園は子どものための施設ですので、親にとって便利でも子どもにとって望ましくないと判断して、あえて親の利便性を犠牲にする場合もあります。そのときに、親が不便さばかりを攻撃するならば、その姿勢には共感できません。反対に、「子どものために」という言葉を盾にして、たとえば布おむつの持参を強制したり、市販品でも足りる園用品を手づくりさせるなど、工夫すれば避けられるような不合理な不便さを親に強いている保育園も確かにあります。「子どものために」という言葉はちょっと曲者かもしれません。

どちらにしても、保育園と親はもっと近づいたほうがいいと思います。親自身、保育園といい関係をつくりたいと思うのなら、保護者懇談会に積極的に参加したり、行事に協力したりして、保育園のことをもっと知る機会をつくりましょう。たまには日中の保育園を訪ねてようすを見せてもらい、保育園での保育がどんなふうに行われているのか、つぶさに見るのもよいと思います。

また、保育園に満足しているのなら、それはぜひ伝えたいものです。いろいろな配慮に対してまめにお礼を言ったり、いいことがあれば「あれはよかったですね」と感想を話したりすれば、園長や保育士はとてもうれしいはずです。

保育園を子育てをいっしょにするパートナーと考えて、ポジティブなおつきあいをめざしましょう。

親同士のおつきあい

忙しい者同士だからこそのいい関係

保育園の親たちは、子どもを預けて働いている人たちです。それはつまり、家庭以外の場にも人間関係をもっている人たち、忙しい人たち、でもあります。そのため、保育園の親同士は、お互いの関係について比較的あっさり感覚で過ごしていると思います。「絶対に誰かと仲よくならなくちゃ」というプレッシャーもありませんし、派閥ができて関係がややこしくなるという話もあまり聞いたことがありません。そんな時間もないのでしょう。

では、親同士の関係が希薄なのかというと、そうでもなさそうです。保育園の保護者懇談会や父母会活動などで話をする機会があると、いろいろな共通項があることがわかって、急に親しくなったりします。同じ地域に住み、仕事と子育てに追われる者同士、何かと悩みを共有できることも少なくないのです。

お互いにピンチのときの窮状がわかるので、困ったときに子どもを預かり合ったりして、ちょっとした助け合いが気軽に始まることもあります。だからといって、仕事がありますから、いつもべったりくっついているような関係にはなりません。

すべてがというわけではありませんが、保育園の親たちを見ていると、なんだかちょうどいい距離感の関係なのかなと思います。

出会いの場は、いろいろある

というわけで、まずは最初からあまり多くを望まないで、保育園生活をスタートさせましょう。親同士が話をする機会というのは、ふだんはお迎えのときくらいしかありませんし、閉園時間まぎわのお迎えの人は、急いで駆け込んで急いで帰る生活になりますから、社交をしている暇はとれません。

でも、焦ることはありません。保育園生活は長いのですから。

保育園が開く保護者懇談会やその他の行事のときに顔を合わせるうちに、同じクラスの親たちとよもやま話ができるようになれば、そこから関係はできていくでしょう。自分から積極的に関係をつくりたければ、保育園行事の終わったあとや、休みの日に、家に来てもらって、子どもを遊ばせながら、おしゃべりするというのも一案。

子どもが少し大きくなったら、父母会活動に参加するのもお勧めです。父母会はいろいろなタイプのものがありますが、行事などのために目的をもって共同作業すれば、自然に関係が深まります。たまたま集まったメンバーが気の合う仲間だったりすると、そのあともずっと家族ぐるみでおつきあいをするような親密な関係ができたりします。

上の学年に子どもがいる親からは、いろいろと教わることも多いでしょう。特に、小学校入学が近づいてきたら、地域の小学校のことを聞ける貴重な情報源になってくれるはずです。

助け合う関係をつくる

私が二人目の子を妊娠中のときのこと。ある日の夕方、私は同じ保育園から同じマンションに帰る親子を発見しました。急いであとを追いかけて、話しかけました。その人は、二人の子どもを別々の場所に預けていて、こちらの保育園のお迎えをしたあと、二歳の上の子を連れて徒歩で二〇分も離れた別の保育園に下の子をお迎えに行っていたのです。私は、驚いて上の子を預かると申し出ました。うちの子も、お友だちといっしょに帰宅すれば、夕飯づくりのとき、退屈せずに遊んでいてくれるので一石二鳥でした。

その後、私に二人目が生まれ、先方も預け先が変わって駅からの途中で下の子のお迎えができるようになったため、この協力体制は短く終わりましたが、同じマンション、同じ保育園というのは、何かと便利で助け合うことがありました。下の子が小学生になったとき、彼女がちょうど仕事を中断していたので、学童保育から帰ってきてから私が帰るまでの時間、よく遊びに行かせてもらっていました。

忙しい者同士の場合、こういう協力関係はまとまりやすいものです。お互いに困っているので、相手にストレートに頼めるからです。職場の電話番号を知らせ合っておけば、お迎えが間に合わないときに、電話してまとめてお迎えしてもらうということもできます（ただしお迎えをいつもと違う人に頼むときは、保育園にもその旨を連絡しておくことが必要です）。

地域関係のありがたさ

保育園時代をいっしょに過ごした親同士というのは、何かと苦労の多い時代を共有しただけに、その後も親しくおつきあいが続くことが多いようです。

地域の小学校、地域の中学校と進む間も、同じ年ごろの子どもを育てる親同士として情報交換をしたり、悩みを共有したりできます。

地域関係というのは、保育園に限らず、小学校、中学校でも広がっていくものですが、これは子育てのどのプロセスにおいても、とても心強い助けになります。特に、学童保育を卒業すると、子どもは毎日のように自転車に乗って地域の中を自由に活動する生活になります。児童館、公園、お友だちの家、塾。何かあれば駆け込める家や商店がある、子どもを見ている地域の人の目がある、ということが、共働き留守家庭にとって安心材料になります。

私自身、子どもをもつ前は隣家とはあいさつをかわすだけでしたし、地域に知り合いをほしいとは思っていませんでした。でも、子どもが生まれてからは考えがすっかり変わりました。地域関係は子どもの成長にとっても大切な財産と考えれば、保育園の父母会活動などにも力が入るのではないでしょうか。

第八章　保育園後はどうなる？

学童保育と小学校

学童保育ってどんなもの?

学童保育は、行政用語では「放課後児童クラブ」といって、保護者が働いている家庭の子どもが放課後の時間を過ごす場所として設けられています。保育園よりも歴史が浅く、一九九八年に法制化されましたが、それ以前から全国でいろいろなやり方で設けられてきていたので、保育園のように一律の基準や運営方式になっていません。

学童保育の設置場所は、学校内や、公共施設(児童館など)、保育園、民間の建物の中などで、そこで「指導員」が子どもたちの面倒を見ます。学校以外の場所にある場合は、放課後、子どもが自分の足で学校から学童保育へ移動します。小学校の長期休暇期間(夏休みなど)中は、朝から子どもたちが登室して、一日を過ごします。その場合、調理施設はないので、お弁当を持参します。

運営方式としては、市町村が施設を用意し公務員の指導員がいる公設・公営の施設、公設だけれど運営は社会福祉法人等がやっている公設民営の施設、民設民営で補助金を受けながら親たちが共同運営している施設など、いろいろな形があります。民設民営では、施設の賃借料も出し合わなくてはならないため、利用料が高くなりがちなのが悩みの種です。

利用料は、無料（少数）のところもあれば、月二万円以上のところもあり、公営では二〇〇〇～三〇〇〇円程度のところが多いようです。日々の保育終了時間は、午後五時か六時くらいが多いのですが、これもばらつきがあります。また、対象学年は三年生までが多数派ですが、六年生までいられる学童保育もあります。

学童保育での生活は、指導員の方針にもよりますが、遊びが中心になります。学校から学童保育に来たら、ランドセルをロッカーに入れ、好きなことをしていいというのが一般的です。父母の希望により宿題タイムがある学童保育もあります。敷地内に屋外で運動できる場所をもたない施設では、近くの公園や小学校の校庭に出かけて子どもたちを遊ばせています。

子どもはだんだん自立する

保育園のときはずっと親が送り迎えをしてきたのに、六歳の四月からはいきなり、子どもが自分自身で学校に行き、学童保育にも行かなくてはなりません。また、学童保育が終了して家に帰る時間が親よりも早いと、家で留守番をすることも必要になります。

今までは、保育園という安心な場所で一日中過ごさせてきたわけですから、親としてはとても不安です。

　登下校や留守番については、入学前から練習をしてみることが必要です。留守番のときにしてもいいことと、悪いことなど、いろいろな約束事も子どもと話し合っておかなくてはなりません。いざというときに頼れる家を見つけて（お隣など）、入学前にひとことあいさつをして頼んでおくのもよいでしょう（その際は子どもといっしょに行くこと）。

　小学校では、家に母親がいる家庭が多数派である場合が多いでしょう。第三章でも書きましたが、子どもが「なぜお母さんは家にいないのか」という疑問をもってしまうこともあります。周囲から変な雑音を入れられる前に、自分たちのライフスタイルについて、子どもに説明しておいたほうがいいかもしれません。

「うちはお母さんもお仕事をもっているから、家にいないけど、学童保育があるからお友だちと遊んでいてね」

　などなど。どんな仕事をしているかも話して聞かせ、子どもに納得してもらうことです。母親が留守にしていることを「悪いこと」のように話すのは、子どもの不安や不満をかえって大きくする恐れがあります。「これが私たち家族の暮らし方」という自信をもって話しましょう。

とはいえ実際には、母親が家庭にいる子どもよりも不自由な思いをさせることも多いわけですから、不満や不安が見えたら、きちんと向き合ってあげることは必要でしょう。

　これまでは、ひたすら保護の対象として見てきた子どもですが、子どもはだんだん自立していきます。もちろん一年生では保育園児と能力的にはあまり変わりませんので、いきなり一人前扱いはできませんが、子どもの状態、周囲の状態（地域の環境やサポートしてくれる大人の存在）を見ながら、子どもにできることを判断していくことが必要です。

たとえば、学童保育が午後七時までやっているという場合でも、子どもは早く家に帰って自分の時間をもちたいということも出てくると思います。また、三年生くらいになると、学童保育をやめて、放課後は自由にしたいと言い出すことは多いものです。親はどうしても「大人の目のあるところで管理したい」という考えになりがちですが、子どもがやっていけそうなら思い切ってまかせ、行動範囲を広げてあげることも自立のプロセスとして必要ではないでしょうか。

小学生時代のほうが放っておけない

幼児期を過ぎると、生活面では自分でできることが多くなり、手がかからなくなっていきます。「子どもが小学生になったら残業してキャリアの遅れを取り戻そう」などと計画している人もいるかもしれませんが、あまり過大な期待は禁物です。

確かに、一時も目が離せない赤ちゃん時代から比べたら「楽になったなあ」と思える状態にはなります。でも、放っておける状態にはなりません。たとえば、私の場合、一年生当初は次のようなことでパニックになりました（もち物は地域や学校によって習慣が違います）。

- 時間割に合わせて翌日の用意を子どもにさせる。副教材、提出物などの忘れ物がないか気をつけてあげる（と言いながら、わが家ではどうしても子どもまかせになってしまい、クラスの忘れ物王者ワースト3に輝いた）。
- 学校のプリントや連絡ノートに目を通し、親が買って用意するものなども事前にチェック（購入品は手帳にでも書いておかないと忘れてしまいがち。知らないうちにノートを使いきっていないか要注意。ノートはマス目の大きさに細かい指定があり、文具店でしか買えないこともある）。
- 毎朝、名札、校帽、ハンカチ、ちり紙、給食袋（ナプキン、マスク）をもたせる（マスクはすぐになくしてしまう）。
- 週末にもち帰った上ばき、体操服を洗って週明けにもたせる（給食当番のエプロン・帽子が加わることもある）。
- 宿題をさせる（わが家はプリントがぐちゃぐちゃで、どれが宿題なのかわからない状態になりパニック）。
- 勉強についていけているかどうかをチェックする。わからないところを教える（これは日ごろはなかなか時間がとれないので、夏休みなどの長期休暇のときに努力した）。

一年生くらいだと、先生に何を言われたのかよく理解できていないことも多く、子どもに聞いても大事なことがはっきりしなかったりします（そんなときは、しっかりしているお友だちを見つけておいて、電話で聞くとよい)。たいへんなのは、親が一方的にてきぱき片づけてすむものではなく、子ども自身がやらなくてはならないことがほとんどだという点です。子どもがやるのを辛抱して待ったり、話を聞いていっしょに考える時間が多くなります。

親が神経質になりすぎて「あれやったの? これやったの?」と口うるさいのもよくないと思いますが、子どもが学校生活で困らないように控えめな目配りをするだけでも、忙しい共働き家庭にとっては、結構負担の大きいものだと思いました。

また、学年が上がっていくと、だんだん子どもが自己管理できるようになってくるので、こういうたいへんさは減っていきますが、同時に、子どもは一人前のふりをしていても親とのかかわりを求めている時期でもあります。

共働き家庭の教育不安

小学校受験をどうとらえるか

全国の小学校の数は二万三八〇八校。うち私立は一七五校(二〇〇二年度)。実は「お受験」

と呼ばれる私立小学校受験は一部の限られた地域の話なのですが、東京などでは私立小学校の数が多いこともあり、わが子について一度は意識したことのある人が多いのではないでしょうか。

私立小学校を受験するかどうかは、地域の公立小学校の状態や、家庭の教育観によるでしょう。

もしも、受験を考えるのであれば、理由をはっきりさせたほうがいいでしょう。授業料のかからない公立を選ばないで、相当のお金を払って私立の教育を受けさせるわけですし、受験前も入学後も、公立よりもいろいろなことで手間がかかることは間違いありませんから、後悔することになっても残念です。

私立小学校を受験するもっともまっとうな理由は「そこの教育方針が魅力的だから」ということでしょう。有名私立小学校に行くことで、有名私立中学・高校、有名大学への切符を手に入れたいという希望をもっている家庭も多そうです。また、漠然と「公立不信」のために私立受験を考える家庭もあります。

どの理由であるにせよ、子どものこの先の生活を左右するものですから、情報を仕入れて、本当にわが子・わが家に合った学校なのかを見極めるべきです。

私立小学校に入学したものの、あこがれたはずの教育方針がきびしすぎて子どもがドロップアウトすることもあります。附属大学への進学に有利と思って入った私立小学校が、大学まで全員上がれるわけではなかったり、将来その大学の中で勉強できない分野への進路を子どもが望むことだってあるでしょう。附属大学進学を中心にしている伝統的な一貫教育校ですと、他大学への受験指導には熱心ではない場合もあります。都内の高校で見ると、東大合格者数を競い合う一部の超有名私立高校を除けば、公立にも私立にも大学進学実績のいいところと悪いところは同様にばらついていて、必ずしも公立が悪いというわけではありません。

マスコミはとかく「公立」「私立」とひとくくりにして記事を書きますが、公立にも私立にもいろいろな学校があります。マスコミがあおる「公立不信」にまどわされないことが大切です。これについては、あとでもう少し書くことにします。

受験のためにしなければならないこと

小学校受験が中学校や高校での受験と違っているのは、まず、ほとんどの部分が子どもの意思や頑張りではなく、親のそれにかかっている点です。

試験内容は、ペーパーテストや行動観察・面接などで、相手が幼児だけに、考える力や表現力、協調性などを多面的に評価しようという工夫がされています。しかし結局は「練習すればできる」ことが多く、塾などに通って訓練された子どもが合格しやすいのです。多くの親が興味をもつ有名小学校の場合は特にそうです。

そうなると、親は幼児をほめたりなだめたりしながら塾通いを継続しなければならず、親の忍耐力、高額な授業料を負担できる経済力がモノをいうことになります。

　親がたいへんなだけならいいのですが、子どもの心の負担になるようなことは避けたいものです。親の必死の努力や期待は子どもにとってプレッシャーになりがちです。落ちたときのことも考えておいたほうがいいでしょう。

　当然最初に「なぜその私立小学校を受けるのか」という話を子どもとしなくてはならないはずなのですが、そのときに「公立はだめだから」などと言っていては、落ちたときに子どもの自尊心を傷つけてしまいます。

　マイナス面ばかり書いてしまいましたが、いろいろ検討してやっぱりここに行きたいという私立小学校があるのであれば、自分たちのペースで無理のない受験をすることをお勧めします。飛び交う情報にあおられて、気がついたら子どもの気持ちは無視して親が必死になっていたというのが、いちばんよくないと思います。

　保育園児は小学校受験に不利という見方もありますが、今は保育園から私立小学校に進むことは以前ほどめずらしくはないようです。最近は共働き家庭のために土曜日の「お受験塾」を開くところもあります。気をつけたいのは、教育方針が良妻賢母型で、母親が働くことに賛成ではないという考え方の私立小学校。そのような学校は共働きは合否においても不利ですし、合格しても入学後がたいへんですから、共働き家庭の選択肢としては非常に難しいでしょう。

入学後の生活も想定しよう

私立小学校に行っていても、たいてい地域の学童保育を利用できます。ただ、遠方の私立小学校だと、帰ってきてから学童保育に行くのがたいへんだったり、時間が中途半端になってしまうこともあるようです。学童保育で自分だけが違う小学校に通っているということについては、プラスになるかマイナスになるかは子どもの性格にもよるでしょう。うまく溶け込めれば、お友だちの幅が広がってむしろいいこともあるかもしれませんね。

学校との関係では、親の負担が大きくなることもあるでしょう。電車通学ですと、最初のうちは親の送り迎えが義務づけられる場合もあるようです。また、ＰＴＡ活動が活発で、いろいろと母親のお仕事が多い私立小学校もあります。

こういったことは日々の生活にかかわることですので、その小学校のあり方が自分たちのライフスタイルに合っているのかどうか、チェックが必要ですね。

公立小学校はだめなのか？

という質問はなんの意味もありません。自分の地域の公立小学校に目を向けて判断すべきでしょう。

一般的に、公立小学校のよいところは、やはり地域に根差していることでしょう。小学生の生活というのは、地域の中でのびのびと活動できるかどうかで、その質がずいぶんと変わってきます。地域のお友だちがみんなで通い、親たちも小学校、中学校（一人目、二人目がまたがったりする）を通して、顔見知りになります。

何よりも公教育ですので、学校には子どものあり方全体を引き受ける責任があります。教育方針が子どもに合わなければ退学することが多い私立とはそこが違っています。

私立学校はお金がかかるので、比較的経済的にゆとりのある層が集まりがちで、親たちの間にも「中流意識」が強い学校もあります。公立学校はいろいろな層が自然に集まりますので、いい意味でも悪い意味でも、教育観などにばらつきがあります。

私自身は、自分の子どもたちが自然に公立小学校・中学校で地域になじんで育ってきたことに満足しています。子どもが自分の世界観をつくっていくこの時期に、身近な地域で足場を固めることは、自分の世界を段階的に広げていくために必要なステップだと思えたからです。ただし、その地域が子どもが足場を固めるのに適切な条件を備えているかどうかは、地域にもよるでしょう。

ヒステリックな学力低下批判

二〇〇二年、新学習指導要領が実施されると、マスコミはいっせいに公立小・中学校の学力低下を叫び、親たちをさらに不安にさせました。中学進学では、不況で減っていた私立中学の受験者数がまた大きく伸びました。

確かに、公立小・中学校で全土曜日がお休みになり、新学習指導要領で今までよりも少ない時間数で授業が行われるとなると、不安は募ります。私立学校は、土曜日にも授業をやります。これだけ「学力低下」不安が広がると、私立学校ほど独自の手を打っていくことが予測されます。

今はひたすら批判にさらされる新学習指導要領ですが、実際のところ、結果はまだまだわかりませんし、公立小・中学校もさまざまな取り組みを試みているところです。現場の教師の能力がより一層きびしく問われていることは確かです。

子どもを小・中学校に通わせている立場から見ると、教科内容の削減に不安はあるものの、子ども全体の状況を見ないヒステリックな学力低下批判には、奇妙な印象をもちます。もしも、子どもの学習意欲や集中力に問題が出ているとすれば、それはむしろテレビやゲームに埋もれがちな子どもたちの生活や、家庭のあり方のほうに目を向けるべきではないかと感じているからです。

そもそも人間の能力は、そんなに単純に育つものではありません。優秀な学校を卒業しても、会社に不適応になってしまう若い人がふえているのを見ると、それはわかります。学力以外の能力（意欲、人間関係力、バランス感覚）も含めて、社会を生き抜いていくための力は、学校の集団生活の中で培われる部分も大きいはずです。学校は学力だけを身につける場ではないという視点から見ると、公立小・中学校はそれなりによい面をもっていると私は思います。

確かに、今の高度情報化社会に求められている知識や判断力を身につけるためには、成長著しい一〇代二〇代に、真剣に勉強するプロセスが必要だと思いますが、それはどの時期からが適切なのか、個人差もあると思います。親が早く早くと焦ることで、子どもを勉強嫌いにしたり、自発性をつぶしてしまう恐れもあります。

子ども時代を十分に楽しんだうえで、中学校や高校で子ども自身が自分の道として受験を選び取り、自発的に学力を獲得していけるというのが理想的だと私は思います。なかなか理想どおりにはいかないので、親はやきもきしてしまうのですが、最終的には子どもの意欲がなければ、何事も始まらないということだけは、おさえておく必要がありそうです。

背中を見せて育てよう

共働きはふえていく

私が最初の育児休業をとった一九八七年は、男女雇用機会均等法が施行された翌年でした。均等法の最後のほうに、事業主はなるべく育児休業制度を設けるようにという努力義務が書かれていて、勤めていた会社がすぐに対応してくれたのでした。

その当時は、民間企業に育児休業制度はほとんどなく、母親が子どもを預けてまで仕事をすることに、世間の目は今よりもずっと冷たかったと思います。

一九九二年に育児休業法が施行されてからは、子どもを産んでも働き続ける女性が少しずつふえましたが、それでも働く母親たちに、

「そんな小さな子どもを人に預けるなんて」

「そこまでして仕事をしなくても、会社にあなたの代わりはいくらでもいる」

「仕事と子どもとどっちが大切なんだ！」

というセリフが向けられることはしばしばでした。「保育園を考える親の会」には、そんな逆風に耐える仲間を求めて入会してきた方も多かったと思います。そのメンバーたちの、あえて自分の生き方を通すエネルギーには、私自身、励まされることがたびたびでした。

そして今、育児休業制度が普及し、保育園の受け皿も広がりました（まだ足りないけれど）。世間の、母親が働くことに対する抵抗感は小さくなりました。でも、共働き子育て家庭が暮らしやすい社会には、まだほど遠いのが現実です。一方で、不況で片働きのリスクは高まり、いったん家庭に入った女性たちも再就職へと流れ、共働き化は着実に進行しているのです。

家庭ごとに生活を守らなければならない時代

保育園は働く親たちの実態に合わせて変化してきました。開所時間が長くなり、延長保育もふえています。私が東京都板橋区の保育園に一人目の子どものお迎えをしていたころは、午後六時に駆け込んでも、娘は最後の一人でした。会社勤めの母親が少なかったからです。今は、午後七時ごろまでの延長保育を利用する人もふえ、親たちの帰宅時間は徐々に遅くなりつつあります。会社勤めの親たちが預けられる保育園になったことはうれしいことですし、当然こうならなくてはいけなかったと思います。

けれども、少し不安もあります。

第五章で、上司に「女性が働くのが当たり前の今の時代なら、電話一本で子どもを頼めるところなどいくらでもあるだろう！」と言われた人の話を書きましたが、保育サービスの充実に乗じて社会が子育てを軽視するようになったら、仕事と子育ての両立はますます苦しくなります。今は特に、不況下で働く側の立場が弱いので、親たちも会社の求めに逆らうことができません。経済的に共働きを迫られ、まっとうな賃金を得ようとすれば長時間働かなくてはならず、短時間だけ働こうとすれば安く不安定な働き方しかできない実情が広がっています。

こんなに子どもの育ちについて不安が高まっているのに、親たちから子どもと接する時間を奪っていくような社会でいいのかどうか。これは産業界と労働施策にたずさわる人たちにぜひ考えてもらいたいと思います。

そして、こんな社会だからこそ、家庭はそれぞれに自分たちの生活を守っていかなくてはなりません。なるべく条件のよい仕事を確保しつつ、子どもに負担をかけすぎず、夫婦のどちらも仕事の楽しみ、子育ての楽しみを奪われない暮らし方をしたいものです。そのためには、仕事や保育のそのときどきの事情に、夫婦で協力して対応していくしかありません。

親の背中を見て子は育つ

努力しても、うまくいかないこともありますが、結果のよい面に目を向けて、転んでもタダでは起きない前向きな気持ちでいきましょう。

子どもは、親をよく観察しています。親が喜んだり悲しんだりすることに、子どもは敏感に反応します。大げさに言えば、親の生き方が、そのまま子どもへのメッセージとして伝わってしまうところがあるのです。

その点、共働き家庭では、親が仕事の責任を果たそうと頑張っている姿が子どもから見えやすいのはいいことだと思います。働いて生活の糧を得ていくことのきびしさも伝わるでしょう。また、子どもが成長してきて、社会のいろいろなことについて親と対話するようになったとき、母親が、自分が働いてきた経験から話せることは、とても貴重だと思います。

子どもと向き合う時間も大切ですが、子どもは意外と親の背中から学ぶことも多いのではないかと思います。親は家庭の中だけでなく、外のいろいろな人たちとつながっていて、その中で一生懸命責任を果たそうと頑張っている……そのことをさりげなく子どもに伝えられたら、と思います。

※なお、二〇〇四年一月より、第一章に解説した配偶者特別控除の一部が廃止されました。

参考文献

『平成10年版　厚生白書　少子社会を考える　子どもを産み育てることに「夢」を持てる社会を』厚生省監修　ぎょうせい、一九九八年
『人口減少社会、未来への責任と選択　少子化をめぐる議論と人口問題審議会報告書』厚生省大臣官房政策課監修　ぎょうせい、一九九八年
『少子社会への11人の提言　子育て支援の方法と実践』ニッセイ基礎研究所編　ぎょうせい、二〇〇〇年
『乳幼児の心身発達と環境』服部祥子・原田正文　名古屋大学出版会、一九九一年
『平成12年度子育てに関する意識調査事業　調査報告書』財団法人こども未来財団、二〇〇一年
『均等待遇を考える二三一九人のアンケート調査および各業種のヒアリング　仕事は一人前、扱いは半人前　なぜ！』女性のワーキングライフを考えるパート研究会、一九九九年
『はじめての保育園』保育園を考える親の会編　主婦と生活社、新版二〇〇一年
『はじめての小学校&学童保育』保育園を考える親の会編　学陽書房、二〇〇〇年
『二〇〇二年度版　95都市保育力充実度チェック』保育園を考える親の会、二〇〇〇年
『夜間保育の子どもへの影響及び今後の課題に関する報告書』夜間保育園連盟、二〇〇〇年
『保育所保育指針の解説』日本保育協会編、一九九九年
『学童保育情報２００２〜２００３』全国学童保育連絡協議会、二〇〇二年
「登校拒否と乳幼児期の保育経験」佐野勝徳　『保育界』第一二一号、一九八四年

「パートタイム労働に係る雇用管理研究会報告」二〇〇〇年

普光院亜紀（ふこういん　あき）

一九五六年、兵庫県生まれ。早稲田大学第一文学部卒。「保育園を考える親の会」代表。フリーランスライター。こども未来財団―子育てネット運営委員会委員。出版社勤務当時は二人の子どもを保育園などに預けて働く。八八年より保育園に子どもを預けて働く親のネットワーク「保育園を考える親の会」に参加。共著に『少子社会への11人の提言』。ほかに『はじめての保育園』『はじめての小学校&学童保育』（「保育園を考える親の会」編）。

集英社新書〇二〇一E

共働《ともばたら》き子《こ》育《そだ》て入門《にゅうもん》

二〇〇三年七月二二日　第一刷発行
二〇一四年二月一九日　第三刷発行

著者……普光院亜紀《ふこういんあき》
発行者……加藤　潤
発行所……株式会社集英社
東京都千代田区一ツ橋二-五-一〇　郵便番号一〇一-八〇五〇
電話　〇三-三二三〇-六三九一（編集部）
〇三-三二三〇-六三九三（販売部）
〇三-三二三〇-六〇八〇（読者係）

装幀……原　研哉
印刷所……凸版印刷株式会社
製本所……加藤製本株式会社

定価はカバーに表示してあります。

ISBN 978-4-08-720201-4 C0277

Printed in Japan

a pilot of wisdom

ザ・タイガース　世界はボクらを待っていた
磯前順一　0714-B

沢田研二をはじめとしたメンバー達の上京から解散まで、GS界の巨星の軌跡を膨大な資料で活写する一冊。

世界と闘う「読書術」思想を鍛える一〇〇〇冊
佐高 信／佐藤 優　0715-C

激変する社会で、自らの思想を鍛えるのは読書しかない。ふたりの知の巨人が読書を武器にする方法を説く。

ブルーライト　体内時計への脅威
坪田一男　0716-I

スマートフォンやタブレット、LED照明など増え続けるブルーライトの使用に警鐘を鳴らし、対策を伝授。

ミツバチ大量死は警告する
岡田幹治　0717-B

同時多発的に大量のハチが姿を消す、蜂群崩壊現象。その主原因とは戦慄の化学物質だった！

ウィーン楽友協会 二〇〇年の輝き〈ヴィジュアル版〉
オットー・ビーバ／イングリード・フックス　031-V

ウィーンを音楽の都として世界中に名をしらしめたのはウィーン楽友協会の存在だった。協会の歴史に迫る。

本当に役に立つ「汚染地図」
沢野伸浩　0719-B

地図データを駆使した防災研究を専門とする著者が、福島第一原発周辺汚染状況の3Dマップなどを提示。

日本ウイスキー　世界一への道
嶋谷幸雄／輿水精一　0720-H

世界のウイスキー賞で最高賞を連続受賞する日本ウイスキー。世界を驚かせた至高の味わいの秘密を明かす。

絶景鉄道　地図の旅
今尾恵介　0721-D

貴重な地図を多数収録し、日本の名勝を走る鉄道を紹介。時空を超えた旅を味わうことができる珠玉の一冊。

心の力
姜尚中　0722-C

『悩む力』『続・悩む力』に続く、姜尚中の〝漱石新書〟第三弾。刊行一〇〇周年『こころ』を深く読み解く。

「闇学」入門
中野 純　0723-B

昼夜が失われた現代こそ闇の文化を取り戻し五感を再生すべきだ。闇をフィールドワークする著者の渾身作。